VICTOR KERVANI

LA

COMÉDIE
SANS COMÉDIENS

PARIS
MICHEL LÉVY FRÈRES, LIBRAIRES-ÉDITEURS
RUE VIVIENNE, 2 BIS
—
1861

LA
COMÉDIE SANS COMÉDIENS

DU MÊME AUTEUR

DÉNOUEMENTS D'AMOUR

NOUVELLES

Un volume grand in-18.

PARIS. — IMP. SIMON RAÇON ET COMP., RUE D'ERFURTH, 1.

VICTOR KERVANI

LA COMÉDIE
SANS COMÉDIENS

Dans ses drames, il inspirerait la vénération pour la vieillesse, la compassion pour la femme;... il ferait voir qu'au fond de tout homme, si désespéré et si perdu qu'il soit, Dieu a mis une étincelle que la cendre ne cache point, que la fange même n'éteint pas, — l'âme.
VICTOR HUGO.

LA RANÇON DU ROI — UN BOHÈME D'AUTREFOIS — LE PARDON

PARIS
MICHEL LÉVY FRÈRES, LIBRAIRES-ÉDITEURS
RUE VIVIENNE, 2 BIS
—
1861

Tous droits réservés.

Les trois pièces en vers que renferme ce volume, écrites depuis un certain temps déjà, ont été composées en vue de la représentation. Si je les publie aujourd'hui, c'est que, trouvant fondées les objections qui m'ont été faites tout d'abord relativement au choix des sujets, trop en dehors des tendances et des allures du théâtre actuel, j'ai pensé toutefois que le côté littéraire de mon travail pouvait offrir quelque intérêt. C'est le motif qui m'a déterminé, réservant d'autres œuvres que je crois plus propres à la scène, à soumettre au lecteur ces premières tentatives de poésie dramatique.

Mars 1861.

LA
RANÇON DU ROI

DRAME EN TROIS ACTES, EN VERS

PERSONNAGES

MATHÉUS SPARK.
MARGUERITE.
FRÉDÉRIC V.
LE COMTE DE PLOËN.
LE BARON DE STEINBORG.
D'HOLBERG.
PREMIER SEIGNEUR.
DEUXIÈME SEIGNEUR.
COURTISANS.
UN HUISSIER.
DOMESTIQUES.

Danemark. — 1746.

LA
RANÇON DU ROI

ACTE PREMIER

Un site agreste. — De grands arbres. — A gauche, une fontaine, un banc de pierre. — Au fond, quelques maisons en perspective.

SCÈNE PREMIÈRE

LE ROI, LE COMTE DE PLOËN.

Très-jeunes tous deux. — Ils sont costumés en étudiants. — Ils viennent par le fond.

LE ROI.

Arrêtons-nous un peu. La maison est voisine. —
C'est là que m'apparut son image divine.

LE COMTE.

Eh quoi! sire, fuyant les dames de la cour,
Au hameau d'Elsenborg vous a conduit l'amour,
Près de Mathéus Spark, ce vieux fou qui divague,
Que le feu roi jadis chassa de Copenhague,
De peur que sa parole au venin empesté
Corrompît la jeunesse et l'Université! —
Sa femme est donc bien belle?

LE ROI.

Oui, d'une beauté rare.

LE COMTE.

Peut-elle surpasser la comtesse de Sparre?

LE ROI.

Tu verras! — J'ai voulu t'amener en ces lieux
Afin de te montrer cet objet merveilleux,
Et tu décideras si beauté plus parfaite
Pour briller au milieu de ma cour fut mieux faite.

LE COMTE.

Qui vous fit découvrir ce trésor ignoré?

LE ROI.

Un bienheureux hasard. — Je m'étais égaré
Jusqu'en ce hameau, comte, à la dernière chasse;
Je maudissais mon sort. Soudain, à cette place,
Je la vis. Elle était assise sur ce banc,
Près de cette fontaine. Ému, ravi, tremblant,
Je m'arrêtai. Ses mains jouaient avec ces branches,
Et j'admirai longtemps ses petites mains blanches,
Ses bras qui se montraient à demi, son cou fin.....
Enfin je m'approchai..... Mais le mari survint.
Je demandai ma route, et je m'éloignai, l'âme
Prise au pudique attrait de cette jeune femme.
Je sus le lendemain son nom, et depuis lors
Chaque jour du palais sous ces habits je sors,
Et viens ici, feignant de chercher la science
Et l'avis précieux de ce sage en démence.
Voilà vingt jours tantôt que ce Spark assommant
Me parle — sans qu'au moins j'écoute seulement —
Politique, morale, ou bien philosophie,
Devoir des rois, que sais-je encor? théologie.
D'indigestes leçons un assemblage creux,
Le tout entremêlé de dogmes hasardeux;

Quel supplice ! Pourtant, je tiens bon, je persiste.
Marguerite souvent à l'entretien assiste.
Souvent son doux regard reste attaché sur moi ;
Elle m'aime déjà, je le sens, je le vois...
Bientôt.....

LE COMTE.

En vérité, pourquoi tardez vous, sire,
Et qui vous force à feindre? à souffrir un martyre?
Car ce Mathéus Spark blanchira vos cheveux,
S'il vous poursuit longtemps de son verbe ennuyeux.
A la belle apprenez le nom dont on vous nomme,
Ou je ne réponds pas, moi, de vos jours en somme.
A son roi pensez-vous qu'une femme jamais
Ait résisté? Parlez, et rentrons au palais.
Nous y serons bien mieux que dans cette campagne.
Je n'aime pas les champs : la tristesse m'y gagne.

LE ROI.

Ah ! Ploën, je le vois, tu me ne comprends pas.
Vois-tu, précisément, moi, le roi, je suis las
De triompher en maître, à coup certain sans cesse.
Ce triomphe assuré me fatigue et me blesse.
Je veux un autre amour qui soit plus malaisé,

Obtenu par moi-même, et non pas imposé.
Je veux plaire, en un mot, sans que rien me trahisse.
Aussi plus loin encor j'ai poussé l'artifice :
Non content d'avoir pris l'habit d'étudiant,
Et sans titre pompeux, l'humble nom d'Évian,
Je me suis peint proscrit, et pauvre, et misérable,
N'ayant plus d'autre espoir qu'un amour secourable,
Afin d'être bien sûr, si son cœur m'est donné,
Que ce n'est pas au moins le roi qui l'a gagné. —
Vrai Dieu ! le bonheur rare, être aimé de la sorte!
Plus tard, je lui dirai le vrai nom que je porte,
Mais pas avant.

LE COMTE.

Je vois que Votre Majesté
Cherche, même en amour, la singularité.

LE ROI.

Oui, comte, j'aime fort ce qui sort du vulgaire.
Un procédé banal est sûr de me déplaire.
Sans cesse d'imprévu mon esprit amoureux
Prend toujours les moyens les plus aventureux.
Bref, de fantasque humeur tout plan hardi m'enchante. —
Çà, dis-moi donc, Ploën, une fois mon amante

A la cour, laisserai-je en paix son vieil époux ?
Il m'a tant ennuyé, qu'il me paraîtrait doux
De lui faire expier son discours monotone.

LE COMTE.

Si vous l'exiliez, sire ! — Il est pour la couronne
Un danger. Songez-y. Son nom, resté fameux,
Attire autour de lui des jeunes gens nombreux.
Ils viennent écouter sa funeste parole,
Et de rébellion peut-être il tient école.
Certe, on fut imprudent en ne le chassant pas
De tout le Danemark et de tous vos États.

LE ROI.

Crois-tu ? — Tu fus toujours d'un esprit fort timide.
Allons, rassure-toi : ma couronne est solide.
Je laisse à qui voudra ces frivoles terreurs.
Il ne sort que du vent des dogmes des rhéteurs.

LE COMTE.

Cependant.....

LE ROI.

Il se peut que je l'exile, en somme;
Non parce que je crains les discours de cet homme,

Mais parce qu'ils m'ont fait bâiller affreusement,
Et que cela mérite au moins un châtiment.

LE COMTE.

Votre Majesté trouve à tout le mot pour rire.

LE ROI, vivement.

Chut! Voici Marguerite.

LE COMTE.

Ah! qu'elle est belle, sire!

SCÈNE II

LES PRÉCÉDENTS, MATHÉUS SPARK, MARGUERITE.

Ils viennent par le fond. — Marguerite est appuyée au bras de Mathéus.

LE ROI, s'avançant vers Mathéus.

Maître...

MATHÉUS.

Bonjour, ami. — Vous m'amenez, je voi,
Un compagnon. Qu'il soit le bienvenu chez moi!

LE ROI.

Il veut aussi s'instruire, et nous venions ensemble.

MATHÉUS.

Bien; dans quelques instants la jeunesse s'assemble,
Et vous vous mêlerez à ces nobles enfants,
Qui, riches la plupart, heureux et triomphants,
Préfèrent aux vains bruits de l'orgie en délire
Un grave enseignement dont d'autres peuvent rire.

Se tournant vers le comte.

Vous ne trouverez pas, en venant parmi nous,
Autant d'amusement qu'avec de jeunes fous,
Sachez-le. Si pourtant quelque parole austère
De l'âme, et du destin qu'a l'homme sur la terre,
Est ce que vous voulez de maître Mathéus,
Suivez ces jeunes gens quand ils seront venus.

LE COMTE, à part.

Allons, je subirai sa tirade ennuyeuse!

LE ROI, à Marguerite pensive et préoccupée.

Madame, en vérité, vous semblez soucieuse.
Peut-être ces discours viennent mal à propos

Devant vous. Une femme à de plus gais propos
Se plaît, et le récit de quelque bal peut-être
Vous distrairait-il mieux. — Il faut y songer, maître.

MATHÉUS.

Évian, est-ce vous que j'entends? Quoi, vraiment!
Jeune étourdi, parlez d'elle plus sagement.
Marguerite n'est pas de ces femmes frivoles
Que divertit le son de joyeuses paroles,
Qui du récit d'un bal, d'un carrousel brillant,
Se font à la maison un passe-temps galant;
C'est une femme simple, et d'une âme si pure,
Que ce doute, Évian, est pour elle une injure!
Son âme s'intéresse aux graves entretiens,
Et ses goûts sur ce point sont semblables aux miens.

LE COMTE, désignant le roi.

Il eut tort. — Cependant il faut qu'on lui pardonne.
Voyez, il est confus. — Mais un mot. Je m'étonne
De rencontrer ici, près du sage vanté,
Une femme si jeune et de tant de beauté!
J'avais toujours pensé que c'est une folie
Quand aux cœurs de vingt ans la vieillesse s'allie.

MATHÉUS.

Jeune homme, vous parlez légèrement aussi,
Ne connaissant pas bien la femme que voici. —
Elle était orpheline à dix-sept ans. Son père
Me l'avait confiée à son heure dernière.
C'était un gentilhomme, un vieux nom oublié,
Tombé dans la disgrâce et dans l'inimitié
De la cour, — pauvre enfin. — Cette enfant simple et bonne,
Ne voyant à son sort s'intéresser personne,
La fille du marquis Suénon d'Altona,
Sentit pour le vieillard qui jeune l'adopta
Naître une affection douce et sainte, — un mélange
De tout ce que le ciel put mettre au cœur d'un ange.
Elle crut qu'il était d'un noble dévouement
D'égayer sa maison d'un sourire charmant,
De ne pas le laisser marcher seul vers la tombe
Et d'éclairer sa nuit à l'heure où le jour tombe.

MARGUERITE.

Ami...

MATHÉUS

Saluez-la tous les deux à présent,

Vous qui portiez sur elle un soupçon offensant.
Saluez, car elle est la vertu, l'honneur même,
L'honneur qui disparaît en ces temps de blasphème
Et de corruption, où l'exemple donné
Par un roi dissolu, qui vit environné
De courtisans sans frein aux audaces infâmes,
Sème l'impureté dans les plus chastes âmes!

LE COMTE, au roi.

L'insolent!

LE ROI, bas.

   Vas-tu pas nous trahir follement? —
De son sermon je veux m'amuser un moment.

Haut, s'inclinant devant Marguerite.

Madame, excusez-nous.

A Mathéus.

     — Il me semble, cher maître,
Que vous parlez du roi bien hardiment. — Peut-être
Mis en face de lui...

MATHÉUS, l'interrompant.

    Comme en cette maison,

Dans son palais, ami, de la même façon
Je parlerais.

LE ROI, à part.

Tu crois !

MATHÉUS, continuant.

Et je lui dirais : Sire,
Pendant que vous riez votre royaume expire.
Pendant que vous encense une cour de valets,
Les grands noms d'autrefois désertent vos palais.
Pendant que tout s'éclaire et chante pour vos fêtes,
La patrie en lambeaux perd toutes ses conquêtes.
Nous avions autrefois la Suède sous nos lois.
Vos aïeux se mêlaient aux querelles des rois.
Aujourd'hui tout s'éclipse : en une nuit profonde,
Nous ne prenons plus part aux mouvements du monde.
Nous ne sommes plus rien : vos peuples amoindris
Disparaissent dans l'ombre, et de vils favoris,
Se disputant l'État qui penche et qui décline,
Le mettent au pillage, achèvent sa ruine
En caprices coûteux ils dépensent son or,
Et corrompent les mœurs qui nous restaient encor.
Plus de vertu ! La cour est, ainsi qu'à Byzance,

Un sérail : il est temps, sire, que l'on y pense.
Les femmes sont ici maîtresses. Mon sang bout.
Leur caprice sans guide et sans raison fait tout.
Chaque boudoir conçoit quelque intrigue sinistre,
Et toute alcôve enfin donne au peuple un ministre.
Sire, réveillez-vous! — Il est temps, je vous dis.
Exilez loin de vous les courtisans maudits,
Chassez de vos palais toutes ces créatures,
Et confiez l'État aux soins de mains plus pures!

LE ROI, à part.

Quel feu! quel fier accent! Il me surprend soudain!
Certes, prêcher les mœurs, la vertu, songe vain!
Je ne veux pas du tout que ma cour soit un cloître!
Mais le reste!... oui, je vois ce royaume décroître.
Son ton m'a plu beaucoup, le prenant de si haut.
— Cet homme est vraiment grand!

MATHÉUS.

L'on doit m'attendre. Il faut
Regagner la maison.

S'approchant de Marguerite, qui est allée s'asseoir sur le banc.

Reste ici, Marguerite.
C'est l'endroit qui te plaît pour m'attendre. Il invite
Au repos. Adieu donc.

LE ROI, bas, au comte.

Elle reste en ce lieu.
Nous nous échapperons tout à l'heure.

A part.

Pardieu !
Il me vient un projet ainsi que je les aime,
Étrange, et qui me plaît par son audace même.

MATHÉUS, qui s'est dirigé vers la gauche du théâtre.

Mes amis, venez-vous ?

LE ROI, le suivant, à part.

J'y veux songer vraiment.

Le roi et le comte sortent avec Mathéus.

SCÈNE III

MARGUERITE, seule.

Viens en aide à mon cœur aujourd'hui, Dieu clément !
Le regard d'Évian est un feu qui me ronge.

Ma vertu, dont parlait Mathéus, un mensonge !
Je rougissais pendant qu'il me vantait si fort.
Femme lâche, du moins tente un dernier effort !
Souviens-toi des vertus de ce vieillard qui t'aime,
Qui t'éleva jadis comme sa fille même,
Dont tu devins l'espoir, la gaieté, le seul bien.
Rappelle ce qu'il vaut, quel grand cœur est le sien.
Mets à côté celui qui vient troubler ton âme.
Mais à quoi bon ? Ma force en un penser infâme
S'épuise et se consume, et je songe tout bas
Que je ne chéris Spark que comme un père. Hélas !
L'image d'une amour plus jeune et plus ardente
De son enivrement me saisit et m'enchante.
J'étouffe en ce logis comme en une prison,
Et j'ai besoin d'espace et d'un autre horizon.
Tu vois, je suis coupable, ô Dieu ! — Mais que ce rêve,
Que ce désir secret qui dans moi se soulève,
Pourtant par ton appui, par ton secours sauveur,
Ne monte pas au jour et s'enferme en mon cœur !
Oh ! si j'aime Évian, que du moins il l'ignore !
Je fuirai sa présence. Oui, je le jure encore,
Dieu bon, j'éviterai ses pas, son entretien,
Et son regard de flamme attaché sur le mien !

SCÈNE IV

MARGUERITE, LE ROI, LE COMTE.

LE ROI, qui revient par la gauche avec Ploën.

Reste ici près, Ploën : s'il me faut ton service,
Que ce signal, deux coups dans ma main, t'avertisse.
Préviens aussi mes gens.

LE COMTE.

Sire, comptez sur moi.

Il s'éloigne par le fond.

SCÈNE V

MARGUERITE, LE ROI

LE ROI, s'approchant.

Madame!

MARGUERITE.

Vous, c'est vous!

Elle veut s'éloigner, il la retient.

ACTE I, SCÈNE V.

LE ROI.

D'où vient ce grand effroi?

MARGUERITE.

Évian, laissez-moi.

LE ROI.

Rien qu'un instant, de grâce.
Après, je dois partir. L'exil déjà me chasse,
Ma trace est découverte, et ce pauvre banni
Pour la dernière fois vous voit, tout est fini.
Depuis un mois bientôt, vous savez, douce femme,
Que seule vous avez fortifié mon âme,
Que, venant en ces lieux fugitif, inconnu,
Pour appui j'ai trouvé votre cœur ingénu.
Votre compassion fut ma raison de vivre.
Que vais-je devenir, si la voix qui m'enivre,
Si le regard qui met en moi quelque clarté
Me manque tout à coup? — Dites, en vérité,
Ah! comment supporter votre absence, et peut-être
L'oubli qui va tantôt entre nous deux se mettre?

MARGUERITE.

Laissez-moi!

LE ROI.

C'est donc là votre pitié, vraiment !
Je vous aime, je pars, et vous si durement
Vous fuyez ma présence à cette heure suprême,
Et l'instant de partir, vous l'avancez vous-même !

MARGUERITE.

Évian, par pitié ! — Vous voyez, je me meurs.
Respectez ce vieillard si grand, si doux. — Mes pleurs
Coulent pour votre exil, je vous plains et je souffre.
N'en demandez pas plus. N'allez pas vers un gouffre
M'entraîner ! — Mon ami, soyez bon, soyez fort ;
Et par de vains regrets sans me troubler encor,
Sans prolonger l'adieu qui brise et qui torture,
Laissez-moi ma vertu, laissez-moi chaste et pure.

LE ROI.

Qu'entends-je, Marguerite ? — Eh quoi ! vous m'aimez donc,
Vous m'aimez ! — Oui, l'amour, dans cet effroi profond,
Aveu mal contenu, s'échappe de votre âme !
Mais l'amour cependant, savez-vous bien, ô femme !
Ce qu'il est, quel pouvoir vainqueur il prend sur nous ?
Vous m'aimez, vous m'aimez ! — Madame, pensez-vous

Que, s'il en est ainsi, mon image s'efface
De votre cœur troublé, que, sans laisser de trace,
Le souvenir des mots échangés entre nous
Ne vous poursuivra pas jusqu'au lit de l'époux?
Non, dis-je, devant vous je paraîtrai sans cesse,
Vous implorant, proscrit que la douleur oppresse.
Oh! vous voudrez en vain invoquer le devoir,
La vertu, pour lutter contre le désespoir,
Vous n'échapperez pas à des songes de fièvre,
Où votre lèvre en feu viendra presser ma lèvre.....

MARGUERITE, retombant assise.

Grâce!... Évian, ici qu'attendez-vous de moi?

LE ROI.

Que puis-je attendre? Rien. Cependant, quand je voi
Tant de grâce, ce front où l'enjouement repose,
Cette beauté donnée à ce vieillard morose,
Je m'indigne, m'irrite, et je dis que le ciel
Fut pour lui bien clément, et pour moi bien cruel.
Quoi! l'amour à celui qui s'affaisse et décline!
Votre gaieté charmante autour de sa ruine!
Et moi, jeune homme, hélas! dont le cœur est brûlant,
Qui vous réchaufferais à mon ardeur, enfant,

Qui ferais palpiter votre sein sous mon aile,
C'est l'exil âpre et dur qui loin de vous m'appelle!
Je m'éloignerai seul, car vous ne voudrez pas,
Alors que je m'en vais, accompagner mes pas!......

MARGUERITE.

Oh! ciel! que dites-vous? qu'espérez-vous?

LE ROI.

Sans doute
Il eût été bien dur de partager ma route,
De souffrir avec moi la pauvreté, la faim ;
Ah! songez-y, je suis un dangereux chemin.
Allons, c'est dit. Je pars, et, s'il faut que je meure,
Je mourrai seul du moins. La façon est meilleure.

MARGUERITE.

Mourir !

LE ROI.

Est-ce un si grand malheur, le pensez-vous?
Lorsque tout m'est fatal et que rien ne m'est doux,
Vivre, à quoi bon vraiment? Et comment le pourrais-je?
Marguerite, l'exil que la douleur assiége,
L'exil sans vous, ce n'est que la mort, croyez-moi.

MARGUERITE.

Est-ce assez? ah! la coupe est-elle pleine? Eh quoi!
C'est pour ses jours encor qu'il faudra que je tremble?

LE ROI, se rapprochant.

Si tu veux que je vive, eh bien, partons ensemble.

MARGUERITE.

Taisez-vous! taisez-vous!

LE ROI.

              Mais toi, dans ta maison
Ne meurs-tu pas, enfant, d'une pire façon?
De quelque dévouement que ton âme soit pleine,
Tu n'as jamais chéri le lien qui t'enchaîne.
Tu t'es sacrifiée à ce vieillard enfin
Par un élan de cœur reconnaissant et vain.
Tu l'as assez payé de ce qu'il a pu faire,
En partageant sa vie aride et solitaire;
L'ennui doit dévorer tes jours amèrement
En ces lieux où jamais on n'a ri seulement.
Ta vie à ses côtés est un long suicide,
Marguerite, et tu dois de revivre être avide!

MARGUERITE.

Assez! car Mathéus éleva mon enfance;
Je dois la dette encor de ma reconnaissance,
Je la devrai toujours. Laisser seul ce vieillard
Serait un crime affreux que je paierais plus tard !

LE ROI.

Non, je porterai seul le poids de cette faute.
Ou plutôt, va, crois-moi, que notre amour nous ôte
Le remords de causer au vieillard quelque ennui.
C'est une âme stoïque, et, quand nous aurons fui,
Bientôt il oubliera cette épreuve frivole.
Un homme tel que lui sans peine se console.
La science, l'étude, à son secours viendront.
Nous, quels soutiens chercher qui nous consoleront?
L'amour est le seul bien que nous avions sur terre :
Cette liqueur, il faut qu'elle nous désaltère.
Ah! je formais tantôt un rêve radieux.
Marcher dans les grands bois ensemble, et tout joyeux
Nous tenir par la main, mon regard dans le vôtre,
Nous être une patrie, et ne pas vouloir d'autre
Paradis, d'autre Dieu, que notre amour jaloux!

Oh! dites, ce bonheur, dites, le voulez-vous?
Dis, veux-tu, Marguerite?

    MARGUERITE, haletante:

      Oui, tâcher que Dieu même
Ne nous découvre pas en notre audace extrême!
Nous cacher, tu l'as dit, des hommes, puis surtout
Étouffer les remords qui rongent malgré tout!
Oh! oui, c'est un beau rêve, et qui d'un trait de flamme
Me pénètre, m'enivre et qui m'inonde l'âme!
Prends-moi donc. — Non, va-t'en, laisse-moi, tentateur!
Je me sens expirer d'ivresse et de terreur!

     Elle tombe anéantie.

    LE ROI, la regardant.

Elle est évanouie! — A l'aide, à l'aide, comte!

     Il frappe dans sa main.

SCÈNE VI

LES PRÉCÉDENTS, LE COMTE.

    LE COMTE.

Mon prince...

LE ROI, à part, contemplant Marguerite.

Elle est à moi. Qu'importe un peu de honte
Encor? — L'amour tantôt ne s'en souviendra plus.

Au comte.

Toi, reste ici, Ploën, et parle à Mathéus
Ainsi que je t'ai dit.

LE COMTE.

Quoi! vous persistez, sire?

LE ROI.

J'ai dit que je le veux : cela doit te suffire.

LE COMTE.

Sire, j'obéirai.

LE ROI.

Les valets sont-ils là?

LE COMTE.

Ils attendent.

LE ROI.

C'est bien. Qu'ils viennent!

Le comte fait un signe au dehors. Paraissent deux laquais en

livrée sombre. Ils s'approchent du roi. Celui-ci leur indique
Marguerite, toujours évanouie.

LE ROI.

Prenez-la. —
Doucement !

Ils exécutent son ordre et soulèvent Marguerite.

La voiture est prête ?

UN DES VALETS.

Dans la plaine,
Sire, elle attend.

LE ROI.

Tantôt tu t'éveilleras reine,
Ma Marguerite aimée ! — Allons, comte, au revoir !

*Le roi disparaît par le fond, suivi des valets qui portent
Marguerite.*

SCÈNE VII

LE COMTE, seul.

O caprice d'un roi trop fantasque! O devoir
De ma charge! — Il me faut faire le pied de grue
En attendant ce Spark. — Allons, bon, j'éternue.
Un rhume de cerveau, j'en suis sûr. — Çà! le roi
Se conduit comme un fou. C'est insensé, ma foi ;
Il valait beaucoup mieux exiler ce bonhomme.
Mais Frédéric a cru découvrir un grand homme. —
Spark n'acceptera pas. — S'il acceptait pourtant!
Ces diseurs de grands mots changent en un instant.
La faveur d'un monarque est chose séduisante;
Il n'est pas de vertu rigide que ne tente
Pareille occasion!

Avec un soupir.

Eh bien, non, celui-là
M'inquiète. Qui sait ce qu'il me répondra?

Avec une grimace.

S'il s'emportait! — Enfin, l'on courra l'aventure.

En servant mal le roi, ma perte serait sûre.
Marchons un peu. Parbleu! l'air ici n'est pas chaud.

Il se promène de long en large. Paraît Mathéus venant par la gauche.

SCÈNE VIII

LE COMTE, MATHÉUS.

MATHÉUS, *regardant autour de lui.*

Marguerite!

Au comte.

Elle n'est plus ici?

LE COMTE.

Non, il faut,
Maître Mathéus Spark, vous armer de courage.
Mais l'épreuve, je crois, ne peut briser un sage.

MATHÉUS.

Que voulez-vous me dire?

LE COMTE.

               Une femme souvent
Est légère, et d'humeur change comme le vent.
Insensé qui se fie à ses promesses vaines!

MATHÉUS.

Que signifie enfin? Tout le sang de mes veines
Se glace! — Hâtez-vous de parler, hâtez-vous!

LE COMTE.

Écoutez, Marguerite a quitté son époux;
Elle est en fuite avec un amant.

MATHÉUS.

                        Est-ce un songe?
Ma Marguerite!... Non, impossible, mensonge!
Vous mentez, n'est-ce pas? vous mentez lâchement!
Oh! vous calomniez encor la chaste enfant!
Que sais-je? — Vous aurez fait la gageure infâme
De jeter le soupçon et le trouble en mon âme!

LE COMTE.

J'ai dit la vérité; Marguerite est bien loin. —
Et c'est mon compagnon...

ACTE I, SCÈNE VIII.

MATHÉUS.

Dieu, vous êtes témoin
Que cet homme blasphème !...

LE COMTE.

Encore ! je vous jure
Qu'ils sont partis tous deux.

Un silence.

MATHÉUS, accablé.

Bien, je vous crois. — Parjure,
Impie, il venait donc, ce jeune homme au cœur faux,
D'un air d'austérité couvrant d'impurs complots !
Se peut-il bien qu'on soit à ce point sacrilége ? —
Qu'il tremble ! Vainement sa fuite le protége,
Je saurai le trouver, et, bien que je sois vieux,
Nous verrons qui du fer se servira le mieux !

LE COMTE, à part.

Ah ! voilà !

MATHÉUS.

Quand j'y songe ! il fut, il fut mon hôte !
Il s'assit à ma table un jour. — D'une voix haute,
D'un visage serein il parla sur l'honneur.

Son accent convaincu m'avait gagné le cœur.
Oui, je l'aimais déjà parmi ces jeunes hommes
Meilleurs que lui. — Vraiment, quel temps dur où nous sommes!
On se rit sans pudeur de l'hospitalité,
Et l'on feint la vertu pour tromper... — Lâcheté!

LE COMTE.

Écoutez cependant ce qui me reste à dire.

MATHÉUS, sans l'entendre.

Mais comment a-t-il pu l'abuser, la séduire,
Elle que j'appelais, — vous le savez, tantôt, —
La vivante pudeur, l'ange sans tache! Il faut
Que l'infâme ait usé d'un horrible artifice.
Oh! elle est sa victime, et non pas sa complice!

LE COMTE.

Qui sait? elle l'aimait sans doute...

MATHÉUS.

      Elle l'aimait!
A quel doute rongeur le ciel cruel me met!
J'y songe maintenant... Peut-être, pauvre femme,
Souffrait-elle aux côtés de ce vieillard sans flamme,
Dont l'âge avait usé la force, et qui vraiment

Ne méritait pas d'elle un pareil dévouement.
— Oui, sa jeune âme eut peur de ma vieillesse aride.
Un jeune homme a passé, beau, radieux, splendide,
Et l'amour a saisi son cœur tout palpitant. —
Il faut, si c'est ainsi, lui pardonner pourtant.

LE COMTE.

Sans doute. — Et dites-moi, ce jeune homme qu'elle aime,
Qu'elle avait droit d'aimer, vous l'avouez vous-même,
Ne faut-il pas aussi lui pardonner?

MATHÉUS.

A lui,
A lui, jamais!

LE COMTE.

Songez pourtant! — S'il s'est enfui,
N'était-il pas rempli d'amour et de délire?
Est-on maître toujours de son cœur? — Le sourire
Enfin de cette enfant égara sa raison.
Bref, il est excusable, et de même façon...

MATHÉUS.

Assez! n'essayez pas de défendre cet homme!
Laissez-moi le frapper et me venger! — Mais comme

Elle le pleurerait, et me maudirait, moi !
— Oui, vengeance stérile et cruelle ! Ah ! je voi
Qu'il vaut mieux que j'étouffe et contienne ma haine,
Que je les laisse aller où leur destin les mène,
Triomphants, oublieux du vieillard insensé
Qui sanglote en amant quand l'âge l'a glacé. —
Quoi, du sang pour laver l'injure qui m'est faite !
Oh ! non, l'oubli vaut mieux et la douleur muette
Est plus digne. — On dira : Ce vieillard qui s'est tu
Ne fut pas vil, il eut la suprême vertu,
Aimant d'un cœur ardent une femme infidèle,
De la prendre en pitié, de s'immoler pour elle.
Il voulut la laisser en paix à son bonheur,
Et mourir seul enfin après son déshonneur.

LE COMTE, à part.

Allons, il est plus calme, et je crois, sans rien craindre,
Pour le salut du roi, qu'on peut cesser de feindre.
J'hésite cependant : ce vieillard malgré moi
Me trouble, — mais il faut que j'obéisse au roi.

Haut.

Écoutez, maître Spark. Tout n'est pas dit encore
Évian cache un nom plus pompeux.....

MATHÉUS.

      Je t'implore,
Mon Dieu ! que reste-t-il à m'apprendre ?

LE COMTE.

       Évian
N'est pas, entendez-vous, un pauvre étudiant.
C'est notre maître à tous, notre maître suprême,
Le roi !...

MATHÉUS.

   C'est Frédéric, Frédéric Cinq qu'elle aime !
Voilà le dernier coup ! Eh quoi ! mon ange pur,
Qui méritait au moins de trouver un cœur sûr,
Un cœur vraiment épris de sa candeur parfaite,
Ne sera qu'un jouet qu'on brise et qu'on rejette !
Le désir d'une nuit, dont ce roi libertin,
Incapable d'amour, sera las au matin !
— Un mot. A-t-elle su qu'elle aimait un monarque ?

LE COMTE.

Elle croit encor suivre un proscrit.

MATHÉUS.

       C'est la marque

4.

Au moins que Marguerite, en fuyant en ce jour,
Suivit l'illusion d'un généreux amour.
Évian, je l'aurais laissée à tes tendresses;
Mais je veux l'arracher de vos froides caresses,
Sire !

LE COMTE.

Grand Dieu ! qu'entends-je ? Y pensez-vous ? Ceci
Serait une révolte, un crime énorme !

MATHÉUS.

Ainsi,
Prince, il ne suffit pas de toutes vos conquêtes !
Les femmes des seigneurs, des barons, dans vos fêtes,
Vous donnent leurs baisers sans compter seulement.
Il vous fallait encor, pour votre amusement,
Venir chercher ici la femme d'un brave homme,
De maître Mathéus, qu'avec respect l'on nomme.
Et vous pensez après la repousser au loin,
Ainsi qu'un objet vil ! — Ah ! le ciel m'est témoin
Qu'il n'en peut être ainsi que vous supposez, sire !

LE COMTE.

Modérez-vous au moins, et laissez-moi vous dire.

Le roi n'est pas épris d'un caprice banal.
Jamais amour ne fut à cet amour égal.
De son cœur Marguerite est à jamais maîtresse.
Le Danemark, auquel votre esprit s'intéresse,
Appartient à présent à ce doux front vainqueur.
Moi, comte de Ploën, je le dis sur l'honneur.

MATHÉUS, avec dédain.

En vérité !

LE COMTE.

De plus, le roi vers vous m'envoie
Vous dire, — mission qui me remplit de joie,
Car je me sens déjà votre ami de ce jour, —
Vous dire, écoutez bien, qu'il vous mande à sa cour,
Qu'il veut...

MATHÉUS.

Il veut payer, n'est-ce pas, mon silence ?
Voyons, quel prix met-il à cette complaisance ?

LE COMTE.

Il n'est point question en ceci d'un marché.

MATHÉUS.

Et de quoi donc ?

LE COMTE.

Parbleu! le prince était caché
Sous le nom d'Évian; — il pouvait, sans rien craindre,
Étant bien loin déjà, continuer de feindre.
Il n'avait nul besoin d'avoir votre agrément.
Non, il s'agit ici de l'État seulement.
— Frédéric vous estime utile à la couronne.
Je ne l'ai vu tenir à ce point à personne.
Vous avez fait sur lui beaucoup d'impression.
Enfin, il s'est épris de brusque passion.
Profitez de l'instant sans vous montrer morose.
Le mal est fait : au moins qu'il serve à quelque chose!
Le Danemark décline, avez-vous dit. — Eh bien,
De le régénérer vous avez le moyen.
Corrigez les abus : l'instant est admirable
Pour vous montrer. Le roi vous croit indispensable.
Bref, c'est un grand devoir qu'il faut remplir soudain,
Et c'est mal qu'hésiter par un scrupule vain.
— Vous aurez à vous deux la suprême puissance,
Elle par son amour, vous par votre éloquence,
Et vous gouvernerez ensemble le pays.

MATHÉUS.

Qu'ai-je entendu? — Parmi ces ministres haïs,

Ces favoris affreux que je maudis dans l'âme,
Qui, moi, je prendrais place à présent! — C'est infâme!

LE COMTE.

Qu'importe, si, du soin de l'État soucieux,
Vous n'avez le pouvoir que pour en user mieux?

MATHÉUS.

On ne sert bien l'État que quand Dieu nous seconde.
Or le ciel maudirait ce compromis immonde
Du mari sans honneur laissant sa femme au roi.
Assez! de tels discours ne sont pas faits pour moi.

LE COMTE, après un silence.

Bien d'autres cependant ont agi de la sorte,
Des comtes, des marquis, — les plus grands.

MATHÉUS.

                            Que m'importe?

LE COMTE.

Mais, encore une fois, ce n'est pas un marché.
Vous n'avez point livré votre femme, et cherché
La faveur. — C'est le bien de la chose publique
Qui vous fait accepter un malheur domestique.
— Enfin, qui donc saura, hors nous trois à la cour,

Quel lien vous unit à Marguerite? — Autour
De votre nom toujours rayonnera l'estime.

MATHÉUS.

On souffre d'un respect qui n'est pas légitime.

LE COMTE.

Diable d'homme! — Après tout, à votre aise, ma foi!
Seulement prenez garde à la fureur du roi!
Alors qu'on lui résiste il est d'humeur farouche,
Et votre sort déjà m'inquiète et me touche.
— Il voudra sans pitié vous briser, songez-y;
Et le prétexte est simple à rencontrer ici.
N'a-t-il pas entendu ce qui chez vous se passe?
— Des entretiens hardis, des propos d'une audace!

MATHÉUS.

A la bonne heure, au moins! — J'aime mieux la fureur
De ce roi que son piége horrible et suborneur!

LE COMTE.

Réfléchissez encore... A bientôt! — Car peut-être
Vous serez d'une humeur plus raisonnable, maître.
Adieu! l'on vous verra revenir quelque jour;
Dites, vous verra-t-on?...

ACTE I, SCÈNE VIII. 47

MATHÉUS, à part.

A la cour ! à la cour !
Elle est là ! — S'il dit vrai, toute-puissante, aimée,
Aimant le prince, mais dans la honte enfermée,
Flétrie !... Aux yeux de tous concubine du roi !

Un silence.

Que faire ? que résoudre ? O ciel, inspire-moi !

Après un instant, comme frappé d'une pensée subite, à Ploën, qui s'est dirigé vers le fond du théâtre, le ramenant en scène.

Le roi m'ouvre sa cour. L'heure est pour moi propice,
Dites-vous. — Donc marchons, j'offre au roi mon service.

LE COMTE, à part.

Ce changement ! — Soudaine ambition, ou peur
De la fureur du roi ! —

Haut.

Suivez-moi, monseigneur.

FIN DU PREMIER ACTE.

ACTE II

Le palais du roi. — Porte au fond, porte à gauche. — Une table au milieu. — Fenêtre à droite.

SCÈNE PREMIÈRE

LE COMTE DE PLOËN, LE BARON DE STEINBORG, D'HOLBERG, DEUX AUTRES SEIGNEURS.

Ils entrent par le fond.

D'HOLBERG.

Le roi s'est séparé du comte de Rantzau,
Me dit-on. Nous avons un ministre nouveau,
Qui prétend réformer les abus, et se pique
D'un zèle vertueux pour la chose publique !
Çà ! qu'en pense la cour ? — Car de Suède je vien,
Et je tiens sur le vôtre à régler mon maintien,

Messieurs : donc en deux mots instruisez-moi, de grâce.
Quelle attitude a-t-on devant cette disgrâc
Et cet avénement?... Enfin, que faites-vous ?
Prenez-vous le parti d'applaudir, ou, jaloux
Des douceurs d'un passé qu'ainsi l'on nous dispute,
Vous liguant contre Spark, complotez-vous sa chute?

LE COMTE.

Nous sommes furieux, mais nous nous résignons.
Cet homme nous effraye en ses desseins profonds.
L'âme du roi, jadis indépendante et fière,
Semble aujourd'hui dans Spark s'absorber tout entière,
Et nous n'osons lutter contre un tel ascendant.

PREMIER SEIGNEUR.

Notre crédit qu'il mine expire cependant.
Plus d'eau trouble où pêcher. Chaque jour quelque place
Qu'il nous reprend des mains. Ce Spark nous brave en face !

DEUXIÈME SEIGNEUR.

Puis, jusqu'à nos plaisirs qu'il vient restreindre encor,
En disant que l'État a besoin de son or !
Aussi la cour s'ennuie !

LE COMTE.

Enfin, avec la Suède
D'où vous venez, si rien n'y porte, hélas! remède,
Cet homme de malheur va nous brouiller bientôt.

D'HOLBERG.

Et pourquoi ?

LE COMTE.

Je ne sais. Mais il l'a pris de haut,
L'autre jour, au conseil... Quelque prérogative
Qu'on conteste... Il a dit : « Qu'une rupture arrive,
Une guerre du moins au monde aura montré
Que ce pays encor n'a pas dégénéré. »

PREMIER SEIGNEUR.

Il veut se rendre ainsi populaire.

D'HOLBERG.

De l'ombre
Comment est-il sorti ?

DEUXIÈME SEIGNEUR.

C'est quelque intrigue sombre.

LE COMTE.

On assure, en effet, à ne vous rien cacher,

Que dans un coin obscur le roi l'alla chercher.
Car ce Mathéus Spark est de basse naissance.
Je n'ai point des détails cependant connaissance.

D'HOLBERG.

Donc, comme on le disait, il n'est pas noble?

PREMIER SEIGNEUR.

On l'a
Créé comte, d'Holberg.

D'HOLBERG

Eh ! qu'importe cela?
Il est vraiment honteux d'avoir un pareil maître !

LE COMTE.

Soyez prudent, ami, ne laissez rien paraître.

D'HOLBERG.

Oui, vous avez raison. — Si nous parlions un peu,
D'un autre avénement moins maussade... Pardieu !
Pendant ma courte absence, ainsi que le ministre,
La maîtresse a changé...

PREMIER SEIGNEUR.

C'est un choix moins sinistre;

A madame de Sparre on préfère en tout point
La marquise d'Olten...

DEUXIÈME SEIGNEUR.

Qui ne se mêle point
Des affaires d'État, — exception touchante !

D'HOLBERG.

Ah ! certe, un procédé si délicat m'enchante.
Ainsi que vous, messieurs, je lui suis tout acquis.

LE COMTE.

Puis, si vous aviez vu, d'Holberg, ces traits exquis,
Ces beaux yeux !... En deux mots, la marquise est charmante.

D'HOLBERG.

Çà, quel est le vrai nom de cette douce amante?
Car Olten, c'est celui d'un des châteaux du roi.

PREMIER SEIGNEUR.

Qu'il lui donne...

D'HOLBERG.

Et son nom?

DEUXIÈME SEIGNEUR.

Nul ne le sait, ma foi !

D'HOLBERG.

Le cache-t-elle ainsi par pudeur ? malepeste !

LE COMTE.

On pense que son nom est un nom trop modeste.

D'HOLBERG.

Quoi ! de même que Spark elle est d'un humble rang !

PREMIER SEIGNEUR.

Vous connaissez le roi quand un désir le prend !
Par un double caprice il a choisi maîtresse
Et ministre en dehors des rangs de la noblesse.

D'HOLBERG.

Je ne m'étonne pas d'un pareil trait chez lui,
Car Frédéric n'est pas singulier d'aujourd'hui. —
Et, dites-moi, messieurs, la dame est mariée ?

LE COMTE.

A l'hymen d'un vieillard, dit-on, sacrifiée,
Elle n'a commencé d'exister que du jour
Où le roi l'a fait vivre au feu de son amour.

D'HOLBERG.

Innocente colombe ! Ah ! je me la figure

A merveille! une douce et suave nature,
Sans ambition vaine et songeant seulement
Au rôle qui convient à son sexe charmant.
Plaire, aimer, n'est-ce pas tout le lot de la femme?
Je lui suis à jamais dévoué. — Sur mon âme!
Combien je la préfère, étant modeste ainsi,
A ce censeur bourru qui nous régente ici!
De quoi se mêle-t-il, ce plaisant personnage?
Réformer les abus, — parbleu, le bel ouvrage!
Rêve creux! Sous ses pas ils renaîtront partout.
C'est l'hydre se montrant toujours, toujours debout.
— Maudit le comte Spark qui veut notre ruine,
Et vive la beauté gracieuse et divine
Qui console du moins du ministre qu'on hait!

Le baron de Steinborg, vieillard au maintien austère, vêtu de noir, qui est allé s'asseoir au fond du théâtre depuis le commencement de l'entretien et a écouté immobile, se levant soudain et s'avançant au milieu des seigneurs.

LE BARON DE STEINBORG.

Quand aurez-vous fini vos discours, s'il vous plaît?

D'HOLBERG, vivement.

Que veut dire...

Se retournant et apercevant Steinborg.

        Un vieillard ! — Quelle sombre figure !
Sont-ce là les nouveaux courtisans, d'aventure ?

LE BARON DE STEINBORG.

Qui je suis ? — Le baron de Steinborg, et je vien
Pour demander justice et réclamer mon bien,
Indûment confisqué par notre dernier maître,
Le feu roi Christian. — Or Frédéric peut-être
Voudra m'entendre enfin, lorsque vers lui j'irai
Lui dire : Majesté, je n'ai point conspiré !

LE COMTE.

Le baron de Steinborg ! — Nous savons votre histoire,
Monseigneur : un complot plein d'ombre ; on a pu croire,
Étant l'intime ami d'un rebelle, à son jeu
Que vous aviez pris part...

LE BARON DE STEINBORG.

        Je le dis devant Dieu,
Je n'ai jamais trempé dans de sourdes menées,
Que ma loyauté vieille eût tout haut condamnées.
Mon ami m'était cher, mais moins que mon honneur.
Aussi je viens au roi lui dire : — Monseigneur,

Mes pères ont servi fidèlement vos pères,
Et je suis resté pur comme ces cœurs austères.
Que l'on me rende donc mon bien qu'on a saisi !
Non pas que d'un peu d'or qui manque j'ai souci;
Mais je veux que l'honneur rentre dans ma famille,
Qu'il reparaisse intact, et qu'au grand jour il brille !

D'HOLBERG.

Un désir légitime assurément. — Un mot
Toutefois : à la cour lorsque l'on vient, il faut
Se conformer, messire, à l'ordinaire usage.
Or, ce costume noir et ce morne visage
Risquent d'effaroucher, je vous en avertis.

LE BARON DE STEINBORG.

Jusqu'à ce que le roi m'écoute, mes habits
Seront des vêtements de deuil, et nul sourire
Ne distraira ce cœur que sa douleur déchire.

D'HOLBERG.

Fort bien ! Mais ces habits, si vous y tenez tant,
Qu'ils soient au goût du jour, et de mode pourtant !
Car leur forme arriérée est d'une telle mine,
Que vraiment l'on pourrait en rire, j'imagine.

LE BARON DE STEINBORG.

Frivole courtisan, qui de l'air d'un pourpoint
Va se préoccuper! L'habit ne lui plaît point.
Et quand je passe, moi, que mon passé relève,
Il rira; que m'importe un vain bruit qui s'élève?
A votre aise, de moi riez donc! — Seulement
A mon tour! que je dise un peu mon sentiment!
Si je suis importun, d'une étrange manière
Vos discours irritaient tantôt mon âme altière.
Car vous parliez ici d'un homme ferme et grand,
Sauveur inespéré d'un pays expirant.
Vous mettiez en regard une femme impudique,
Transfuge sans pudeur du foyer domestique,
Digne enfin des mépris de tout cœur généreux;
Et dans ce parallèle audacieux entre eux,
Vous le maudissiez, lui; vous vantiez cette femme!
Or donc, je vous le dis, c'est un langage infâme!
Si telle est une cour, si tels ses courtisans,
Me préserve le ciel d'y demeurer longtemps!
O mon manoir croulant, ô ma forêt profonde,
Je souffre loin de vous, et ma colère gronde!
J'ai hâte de revoir votre tranquillité,
Et d'apaiser en vous mon esprit irrité!

D'HOLBERG, bas, aux seigneurs.

S'il n'était un vieillard ! — Ça, plus je le regarde,
Ploën, plus son pourpoint me choque.

SCÈNE II

LES PRÉCÉDENTS, MATHÉUS SPARK.

Il entre par le fond. — Costume riche, mais sévère cependant.

MATHEUS.

Dieu vous garde,
Messieurs !

Il va vers la table et y dépose des papiers qu'il tenait à la main.

LE COMTE DE PLOËN, bas, à d'Holberg.

Le comte Spark !

S'avançant avec empressement.

Salut, comte. — Comment
Se porte ce matin Votre Grandeur ?

Tous l'entourent et s'inclinent, y compris d'Holberg. Seul
Steinborg reste à l'écart.

MATHÉUS.

Vraiment

Je ne me trompe pas : vous en ce lieu, messire !
Vous, baron de Steinborg!

Allant à lui.

Ah ! laissez-moi vous dire
Le plaisir que j'éprouve à vous voir en ce jour !
Les hommes comme vous sont rares à la cour.

LE BARON DE STEINBORG.

Le baron de Steinborg, c'est ainsi qu'on me nomme
En effet : mais comment...

MATHÉUS.

Un brave gentilhomme,
Le marquis d'Altona, fut un de vos amis?

LE BARON DE STEINBORG.

D'accord.

MATHÉUS.

Eh bien, chez lui nous étions réunis
Un jour.

LE BARON DE STEINBORG, réfléchissant.

Excusez-moi, je manque de mémoire.
A soixante ans, hélas! c'est la commune histoire.

MATHÉUS.

Monseigneur, le motif qui vous amène ainsi
Est grave et solennel : je le devine aussi.
Ce cœur loyal, messieurs, par un arrêt injuste.....

LE COMTE.

Oui, nous avons appris son infortune auguste.

MATHÉUS.

Donc, baron de Steinborg, ici comptez sur moi.
Moi-même je dirai votre arrivée au roi.
Contre vous prévenu, en vous voyant, peut-être
Sa Majesté pourrait... Quand il faudra paraître,
Je vous avertirai.

LE BARON DE STEINBORG.

    Le soin de mon honneur,
A vous je le confie et le remets, seigneur;
Et j'attendrai.

MATHÉUS.

    Le roi va venir tout à l'heure.
Nous devons travailler ensemble.

ACTE II, SCÈNE II.

LE COMTE, bas, aux seigneurs.

Que je meure,
Si Spark aura pour nous un regard seulement!

D'HOLBERG, bas, riant.

Le comte Spark est vieux. Il aime apparemment
Les hommes de son âge. Ah! cour enchanteresse,
Si de cette façon on l'emplit!

LE BARON DE STEINBORG.

Je vous laisse,
Comte : vous êtes bon autant que grand. Que Dieu
Vous conserve longtemps à la patrie ! — Adieu!

MATHÉUS.

Au revoir.

LE BARON DE STEINBORG, qui s'est avancé vers le fond
du théâtre, au moment de se retirer.

Songez bien que l'attente est cruelle,
Et ne prolongez pas l'anxiété mortelle
Qui me ronge...

MATHÉUS.

Je vais parler au roi tantôt.

Sort Steinborg.

MATHÉUS, aux seigneurs.

Je ne vous retiens pas, messieurs.

D'HOLBERG.

Pardon, il faut
Qu'à Sa Majesté j'offre, arrivant de voyage,
Mes compliments et ceux...

MATHÉUS.

Vous aurez l'avantage,
Monsieur, un peu plus tard, d'être admis près du roi.
Mais je l'attends ici ; je vous l'ai dit, je croi.
Le travail terminé, vous aurez audience.

D'HOLBERG, à part.

Oh ! parvenu bouffi d'audace et d'insolence !

<small>Sur un geste de Mathéus, il s'incline et se dirige vers le fond du théâtre, suivi des deux seigneurs.</small>

PLOEN, s'avançant vers Mathéus.

Votre Grandeur tantôt ne m'a pas répondu.
Comment se porte-t-elle ?

MATHÉUS.

Intérêt superflu !

Nous connaissons, Ploën, notre amour l'un pour l'autre.

PLOËN.

Par l'admiration mon âme est à la vôtre
Attachée à présent.

MATHÉUS, à part.

O courtisan abject !

PLOËN, à part, en s'éloignant.

Et dire que je sais, comte Spark, ton secret !
Avec moi tu devrais être d'intelligence,
Il me semble... Eh bien, non ! — par esprit de vengeance
Si je voulais un jour... tu serais peu flatté ! —
Mais, diable! me livrer à cette extrémité !
— Oh ! ta rancune à toi serait terrible et prompte.
Bah ! j'aime mieux me taire...

Haut, près de la porte.

Adieu, monsieur le comte.

Il sort après s'être incliné profondément.

SCÈNE III

MATHÉUS, seul.

Lâche qui s'humilie! — Il me hait bien pourtant,
Et voudrait m'écraser s'il ne tremblait pas tant.
Donc ils sont tous ainsi! — Que leurs âmes sont basses!
Pour conserver leur or et pour garder leurs places,
Ils caressent la main qui sous le joug les tient.

Il s'approche de la table et s'assied.

Ce baron de Steinborg est un homme de bien,
Et je veux le servir. — Sa parole est sincère,
Il m'estime! — Merci, Steinborg! Tout dégénère :
Pourtant, dans cette cour où me honnit chacun,
Pour m'approuver enfin il se lève quelqu'un!
C'est un jour de bonheur. — Et bientôt, autre joie,
Cette heure qu'appelait mon âme au deuil en proie,
Sonnera! — Vivre ainsi depuis trois mois! hélas!
Si près d'elle! Mon âme attachée à ses pas!
L'aimant encor! Grand Dieu! voir son amour en face
Pour un autre, et garder toujours un front de glace! —
Marguerite, en ce lieu pour toi je suis venu.

Quand tu découvriras mon projet inconnu,
Tu verras à quel point t'aimait ce cœur fidèle,
Que tu sus déchirer d'une façon cruelle !

Un silence.

Mes desseins accomplis, ô Dieu clément ! après
J'aurai droit, n'est-ce pas, à l'éternelle paix?
Car j'ai souffert assez, Seigneur, et ta justice,
Me prenant en pitié, finira mon supplice.

Prenant en main les papiers qu'il a déposés sur la table.

Danemark, ô pays que je voudrais servir,
Mon devoir envers toi, je ne peux le remplir !
Si j'étais au pouvoir monté d'une autre sorte,
Ah ! je le retiendrais d'une main large et forte !
Mais une intrigue infâme à ce poste m'a mis,
Et ma ruse accepta l'horrible compromis.
Le voile déchiré, je dois rentrer dans l'ombre,
Abandonnant le soin de cet État qui sombre.
Ce sera mon regret, — le seul, — mon but atteint.
L'espoir de ranimer dans ce pays éteint
Un peu de sa fierté, de sa gloire peut-être,
Apaisa les douleurs dont je n'étais pas maître,
Et me fit quelquefois trouver dans cet effort
Des consolations qui me rendaient plus fort.

Parcourant les papiers.

Ah! c'était un beau rêve!—Une œuvre à faire, immense!
Et ce labeur si long, à peine s'il commence!
Je ne puis l'achever, alors que j'attendrais.
— Le soin de mon honneur me serre de trop près,
Pour différer encor d'un jour, d'une seconde!
Adieu, projets épars..... ambition féconde
De laisser après moi mon nom dans l'avenir,
Adieu donc..... Oui, la Suède arrogante à punir,
L'insolence des grands à châtier, la cause
Du peuple à prendre en main,— les finances qu'on n'ose
Sonder, gouffre profond, effrayant, — puis la cour
Horrible, dont il faut épurer le séjour,
Les mœurs à corriger, - - tout cet ouvrage énorme,
Je dois y renoncer et le laisser informe!
Qu'un autre me succède et l'exécute! — Au moins,
J'aurai servi d'exemple et de guide. Témoins
De mon avénement, des cœurs hardis sans doute
Oseront sur mes pas se frayer une route,
Et reprendront mon œuvre où je l'abandonnai. —

Le roi ouvre la porte de gauche. Mathéus se lève.

SCÈNE IV

MATHÉUS, LE ROI.

LE ROI, allant à un fauteuil, et s'y laissant tomber bruyamment.

Ah! c'est vous, comte Spark! J'ai fort bien déjeuné.

MATHÉUS, à part.

Le roi ! — Faisons le bien que je peux faire encore,
Car tantôt cessera la honte qui dévore !

Haut, se dirigeant vers le roi.

Je vous attendais, sire...

LE ROI.

Oui-da, je le sais bien;
Mais à ce déjeuner, comte, il ne manquait rien.
Les vins étaient exquis... Un vin venant de France,
Puis du Chypre vermeil, puis aussi du Constance...

MATHÉUS.

Sire, des intérêts plus graves sont en jeu.

LE ROI.

Laissez-moi respirer de grâce, comte, un peu!...

MATHÉUS.

J'attendrai.....

LE ROI.

Non, parlez. Car vous pourriez, en somme,
Vous fâcher contre moi. Mon Dieu! le terrible homme!

MATHÉUS.

Le baron de Steinborg est venu parmi nous
Pour réclamer.....

LE ROI.

Je sais! — Au diable ces vieux fous,
Compagnons d'autrefois à la mine morose!
De grâce, comte Spark, parlez-moi d'autre chose.
Je ne suis point d'humeur à le voir aujourd'hui...

MATHÉUS.

Majesté, cependant.....

LE ROI.

Encore! Quel ennui!
Demain, je ne dis pas, je pourrai vous entendre.....

MATHÉUS.

Demain, rappelez-vous que vous devez vous rendre
Au hameau d'Elsenborg, où, voici quatre mois,
Vous m'avez rencontré pour la première fois!.....

LE ROI.

Ah! c'est vrai!... J'ai promis d'aller là-bas en chasse.....

MATHÉUS.

Et de vous asseoir, sire, à cette même place,
A cette même table où je vous vis jadis.
Puis-je y compter?.....

LE ROI.

Sans doute.

MATHÉUS.

Ah! sire, je le dis,
C'est un honneur insigne, une faveur bien haute
Que d'avoir sous mon toit mon maître et roi pour hôte.

LE ROI.

Certes, de vous plus d'un, comte, sera jaloux.....
Mais, dites, quelle idée un peu folle, entre nous,
De conserver ainsi cette maison obscure?.....

MATHÉUS.

Que Votre Majesté sur ce point se rassure !
La maison est meublée avec un goût parfait....
Et si je la conserve, ô roi ! c'est qu'en secret
L'homme arrivé soudain à la grandeur suprême
Aime à revoir le lieu de l'obscurité même.

LE ROI.

Oui, je comprends cela. — Comptez demain sur moi.

Bâillant.

Ah ! le bon déjeuner ! Vrai Dieu ! le vin de roi !

Un silence.

Mathéus va à la table, y prend des papiers et revient vers
le roi, toujours étendu dans son fauteuil.

MATHÉUS.

Vous plairait-il ici d'écouter ce mémoire
Relatif à l'impôt du sel?...

LE ROI.

Quoi ! ce grimoire !
L'impôt du sel, Jésus ! ce doit être ennuyeux.
Que diable ! cherchez donc quelque chose de mieux.

ACTE II, SCÈNE IV. 71

MATHÉUS, feuilletant les papiers.

Ce décret à signer : l'amende pour tapage
Commis par des seigneurs, la nuit.....

LE ROI.

Pas davantage?—
Vous êtes bien sévère!

MATHÉUS.

Il faut une leçon.

LE ROI, nonchalamment.

Donnez donc que je signe..... Oui, vous avez raison.

Mathéus lui avance le papier. Le roi, sans le lire, avance la
main et signe.

Est-ce fini?

MATHÉUS.

Non pas. Avec la Suède, sire,
La guerre est nécessaire.

Sur un geste du roi.

Oh! laissez-moi vous dire.
Il convient de ravoir la Gothie, et vraiment
C'est honte que l'avoir senti tardivement.

Ah! certes, c'est un point douloureux qu'une guerre;
Il n'en faut décider jamais à la légère.
Car ceux-là dont le sang alors coule à bouillons
Auraient pu féconder autrement les sillons.
Mais il est tel moment où les sanglots des mères
Parlent moins haut au cœur que des voix plus austères.
C'est l'instant où l'honneur d'un pays est en jeu.
— Or, je l'affirme ici, Majesté, devant Dieu!
La guerre avec la Suède est juste, indispensable. —
De plus, son dénoûment est à peu près probable,
Car, depuis Charles XII, épuisée en soldats,
La Suède est affaiblie et peu prête aux combats.
Voyez, que craignez-vous? Nous sommes en mesure,
Sire, de triompher; ici je vous l'assure.
Et, si je n'étais plus au pouvoir, après moi,
A moins d'humilier votre royaume, ô roi!
Mon successeur devra suivre ma politique
Sur ce point.....

Le roi, étendu dans son fauteuil, s'est endormi depuis quelques instants. Mathéus l'aperçoit ainsi.

Parlez donc de la chose publique!
Il dort!.. ... Je lui parlais de gloire et de grandeur!
Il dort!..... Dors d'un sommeil paisible, monseigneur!

Car tu m'as redonné pour demain ta promesse;
Ma volonté de toi désormais est maîtresse.
Dors en paix, dors en paix !...

Il sort par la porte du fond.

SCÈNE V

LE ROI, seul, ouvrant les yeux à demi et se secouant.

       Allez toujours, de quoi
Était-il question?
Regardant autour de lui.
     Il n'est plus là. Ma foi,
Tant pis ! — Çà, fait-il beau, dehors?
Il se lève et va à la fenêtre.
        Non, de la pluie.
On ne peut pas sortir maintenant. Je m'ennuie.

Il se détire les bras, puis se dirige vers la table et frappe un coup sur un timbre.

Un huissier paraît à la porte de gauche.

Apportez-moi ce vin de Chypre, en même temps

A la marquise allez dire que je l'attends.

<small>L'huissier sort. Un valet apporte un plateau, qu'il pose sur la table, et se retire.</small>

<small>Le roi, remplissant son verre.</small>

Nectar délicieux, ardent, qui dans mes veines
Glisse sa flamme au moins, et dissipe mes peines! —
Car je suis malheureux! — Marguerite pour moi
Est cruelle : elle veut désespérer son roi. —
Quel visage morose et glacé! — Quel sévère
Regard! — Aucun plaisir qui puisse la distraire!
Les fêtes et les bals la laissent morne, hélas!
Je voudrais lui sourire, et je ne le peux pas.
La voici. Sera-t-elle enfin moins inhumaine?

SCÈNE VI

LE ROI, MARGUERITE.

<small>MARGUERITE. Robe de velours sombre.</small>

Le roi m'a fait mander.....

<small>LE ROI, déposant son verre.</small>

      Salut, ma belle reine.

De grâce, de ce front chassez la gravité;
Faites luire en mon âme un éclair de gaieté;
Car ma cour est sans vous triste comme une tombe,
Et sous un poids cruel et pesant je succombe. —
Mais que vous manque-t-il pour être heureuse, enfin?
Un royaume à vos pieds prosterné, votre main
De ce pays maîtresse, ainsi que de mon âme.
Tous les rêves dorés que peut faire une femme
Réalisés soudain, — les honneurs, la richesse,
Pouvoir sans frein ni loi, enchantement, ivresse,
Tout cela, Marguerite, est à toi, tu le vois!

MARGUERITE.

Combien je préférais les rêves d'autrefois,
Alors que du proscrit Évian encor fière,
A sa proscription je me donnais entière!
Ah! vous en souvient-il, par hasard? — Au château
D'Olten cachés tous deux! — Que ce temps était beau!
— Ce séjour, disiez-vous, où je vous ai conduite,
Est le toit d'un ami protecteur de ma fuite.
Et moi, je vous croyais! — Et, marchant tous les deux
Le long des verts sentiers, nous nous sentions heureux!
Jusqu'au soir dans les bois nous allions côte à côte.

Oh ! j'oubliais alors le remords de ma faute !
Mais, quand vous m'avez dit tout à coup, monseigneur :
« Je suis le roi, non pas Évian, » — en mon cœur
J'ai senti m'entraînant vers un châtiment sombre,
Vers l'abîme effrayant, Satan rire dans l'ombre.

LE ROI.

Folie ! — En vérité, pourquoi trembler, enfant ?
Ne suis-je pas le roi, le roi qui te défend ?
Que peut te faire, à toi, la fortune cruelle ? —
Ton époux n'est-il pas mon serviteur fidèle,
Mon ministre sincère, épris de grands projets ?
Le passé de son âme est chassé pour jamais.

MARGUERITE, à part.

Dit-il vrai ? Mathéus est-il vraiment infâme ?
Est-il ainsi que moi misérable, ou dans l'âme
A-t-il quelque dessein terrible contre nous ?
— Ne compromettons pas les jours de mon époux
En montrant ma terreur. — Si sa juste vengeance
S'approche, je l'attends, et garde le silence.

LE ROI.

Tu ne me réponds pas ? T'ai-je enfin, dis-le-moi,
Convaincue ?... Allons, parle...

MARGUERITE.

                              Ah ! ce n'est pas, ô roi !
Mon mari que je crains; non, c'est un Dieu sévère,
Qui doit punir un jour mon infâme adultère.
En vain le crime impur, applaudi, triomphant,
Se raille du tonnerre à le frapper trop lent,
Un jour vient, — au milieu des rires et des fêtes, —
Où la foudre soudain éclate sur nos têtes.

LE ROI, remplissant son verre.

Ma chère, comme vous je regrette vraiment
Olten. Car vous parliez là-bas plus tendrement.
Vous n'étiez pas ainsi lugubre et repentante.

MARGUERITE.

C'est que ma faute alors n'était pas si pesante,
C'est que de dévouement mon amour était fait,
Et que le sacrifice offert le relevait.
D'un proscrit malheureux partageant la fortune,
Je chassais du remords la pensée importune.
Être errante et sans gîte, avoir froid, avoir faim,
Tenir lieu de famille et de foyer enfin
Au fugitif flétri que le monde repousse,

Demeurer sa compagne et charitable et douce,
Partager avec lui l'opprobre et le péril,
Mon rôle était du moins meilleur dans cet exil!...

LE ROI, qui a vidé son verre, le remplissant de nouveau.

Un tel enthousiasme est, certes, poétique.
D'originalité comme vous je me pique;
Mais ç'eût été pousser les choses un peu loin,
Que de réaliser le programme en tout point;
Et, plutôt que courir la montagne et la plaine,
Mieux vaut être monarque, et mieux vaut être reine.
Contentons-nous du sort que le destin nous fait,
Et laissons, Marguerite, un stérile regret.

MARGUERITE.

Hélas! dans cette cour où n'était pas ma place,
De mon bonheur passé, sire, s'enfuit la trace.
Le remords me poursuit, sans trêve et sans merci.
Cet éclat, ces splendeurs qui m'entourent ici,
Montrent à tous les yeux ma honte toute nue.
Oh! c'est un triste honneur que d'être devenue,
Moi qui voulais cacher dans l'ombre mon amour,
La maîtresse d'un roi devant tous, au grand jour!

Oh! vous avez été cruel d'étrange sorte,
L'instant où, tout en pleurs, me traînant demi-morte,
Vous m'avez fait passer le seuil de ce palais
Pour me montrer aux yeux des courtisans valets!
Leur respect empressé, leur basse flatterie,
Sous un masque trompeur cache leur raillerie.
Ce titre de marquise, enfin, prix insultant...

LE ROI, qui a vidé son verre, le posant bruyamment sur la table et avec éclat.

Madame, en vérité, si vous vous plaignez tant,
Je me lasse à la fin et je perds patience...
Vous m'avez mis assez à l'épreuve, je pense!

MARGUERITE.

Ce ton!.. et ce regard!...

LE ROI, que l'ivresse commence à gagner.

    Voyons, qu'attendez-vous
Après cette incartade?... Où veut-elle, entre nous,
En arriver, madame?

MARGUERITE.

    Oh! soyez clément, sire!
Je succombe à ma honte et mon cœur se déchire.

J'ai voulu jusqu'ici porter le joug, pensant
Que mon amour enfin le rendrait moins pesant;
Mais rien ne vient en aide à mon âme en détresse.
Par pitié, laissez-moi de mon destin maîtresse.
Laissez-moi partir, grâce!...

LE ROI.

Ah bah! comment! partir!
Vous êtes folle!

MARGUERITE.

Eh, quoi! me faut-il donc mourir?

LE ROI.

Çà, hardiment, tenez, dites le mot, madame.
Vous ne m'aimez plus!

MARGUERITE.

Moi!

LE ROI.

Peut-être que votre âme
Pour un autre en secret brûle d'un noble feu...
Vous êtes un peu vite inconstante!..

ACTE II, SCÈNE VI.

MARGUERITE.

Grand Dieu ! —
Il est ivre ! — Regarde à présent, Marguerite :
O honte ! c'est donc là celui qui t'a séduite !

Elle se cache le visage dans ses mains.

LE ROI, s'approchant d'elle.

Morbleu ! m'entendez-vous ?

Silence.

Répondez ! —

Il lui prend violemment les mains et les écarte de son front.

MARGUERITE.

Monseigneur,
Laissez-moi, laissez-moi, vous me faites horreur !

LE ROI, indécis un moment devant elle, se dirige tout à coup
d'un pas chancelant vers la porte du fond, qu'il ouvre.

Holà ! quelqu'un !

Paraît d'Holberg.

SCÈNE VII

LE ROI, MARGUERITE, D'HOLBERG, puis PLOËN,
STEINBORG, LA COUR, puis MATHÉUS.

LE ROI, complétement ivre.

Où donc est Spark?—Çà, qu'on l'appelle!
— Sa femme veut s'enfuir... Qu'il parle à la rebelle!
Qu'il l'empêche!... Que diable! où reste son époux
La femme doit rester!...

D'HOLBERG.

Sa femme, dites-vous!

LE ROI.

Ne le saviez-vous pas?

MARGUERITE, courant au roi.

Oh! sire, c'est horrible!

Le roi la repousse. Elle court à d'Holberg.

Monsieur, vous n'irez pas; la chose est impossible!

D'HOLBERG, hésitant.

Madame!

Le roi, ne pouvant plus se tenir droit, se laisse choir sur un fauteuil.

LE ROI.

Obéissez!

Sa tête retombe sur la table qui se trouve devant lui. Il reste immobile.

LE COMTE DE PLOËN, *entrant suivi de Steinborg et de la cour.*

Que se passe-t-il donc? Tout ce bruit!

D'HOLBERG.

Quelle histoire! Ah! le trait me confond! Le comte Spark, messieurs, est marié... Sa femme... Devinez...

MARGUERITE, *bas, à d'Holberg.*

Par pitié!

PLOËN, *bas, à Marguerite.*

Ce n'est pas moi, madame!...

PREMIER SEIGNEUR.

Eh bien?

D'HOLBERG, riant.

Ah! laissez-moi rire d'abord un peu.
C'est inouï, messieurs, — c'est sublime, pardieu!
Ce conseiller rigide, au superbe langage,
Qui nous jetait tantôt le dédain et l'outrage,
A pour femme, écoutez, la maîtresse du roi!

Étonnement, stupeur, puis rires des seigneurs.

DEUXIÈME SEIGNEUR.

Oh! le ministre intègre et vertueux! — Eh quoi!
Mais à qui se fier maintenant?

STEINBORG, allant droit à d'Holberg.

       Sur mon âme,
Je dis que vous mentez d'une façon infâme!

D'HOLBERG, haussant les épaules.

Vous êtes fou, vieillard. — Pour nous mettre d'accord,
Informez-vous au roi, qui me l'a dit!...

STEINBORG.

       Encor!
Je dis que vous mentez!...

ACTE II, SCÈNE VII.

D'HOLBERG.

Ah! c'est trop d'insolence!...
Voici ton châtiment!

Il fait le geste de lui lancer son gant. Mathéus, qui a paru depuis quelques instants, lui arrête le bras.

MATHÉUS.

Arrêtez!

A Ploën, qui veut intervenir.

Vous, silence!
— Monsieur d'Holberg dit vrai. — La femme que voilà
Est la mienne!

Moment de silence. Les seigneurs demeurent interdits.

MARGUERITE, à part.

Ah! malheur!

STEINBORG, à part et avec stupeur.

Quel est cet homme-là?
En quel temps vivons-nous?

MATHÉUS, à part.

Cette épreuve dernière
Me manquait! — Donc ma honte éclate à la lumière!

Est-ce assez de torture, ô mon Dieu! maintenant?...
Oh! cette croix encore à porter haletant,
Marguerite, pour toi!...

S'approchant du roi, qui a relevé la tête.

Vous m'avez mandé, sire?

LE ROI, comme cherchant à se souvenir.

Qui, moi?—Toute ma cour, à présent! — Que veut dire?

Après un silence.

— Je me souviens!...

Bas, à d'Holberg. Son ivresse a disparu.

Tant pis, d'Holberg, si le secret
Est déjà révélé. — Car à qui parlerait
Un châtiment certain!...

Haut, à Mathéus.

J'ai voulu pour affaire
Urgente vous parler. — J'ai résolu la guerre
Avec la Suède.

Étonnement de tous.

MATHÉUS, à part.

Ainsi, cet exécrable affront
Apportera du moins un résultat profond!

Au roi.

Maintenant sur ce point que ma cause est gagnée,
N'oubliez pas demain l'emploi de la journée :
La chasse et le repos sous mon toit, Majesté. —

LE ROI, *se levant.*

Vous serez tous, messieurs, de la fête...

LE BARON DE STEINBORG, *bas, à Mathéus, d'une voix grave.*

Excepté
Moi pourtant, comte Spark. Après cette aventure,
Je vous défends, monsieur, toute entremise impure,
Toute protection pour mon droit clair et net.
Je ne veux rien de vous, aucun appui suspect.
Et, si mon fier refus doit me porter atteinte,
Je subirai mon sort sans faiblesse et sans crainte.

MATHÉUS, *à part.*

J'oubliais son mépris, dans mon martyre, hélas !
— Va, baron de Steinborg, tes biens, tu les auras,
Et par moi. Sois en paix. Tu verras la richesse
Redorer l'écusson de ta vieille noblesse.

LE ROI, *bas, à Marguerite.*

Pardonnez-moi, madame. — Ah ! j'étais insensé !

Dites, que ceci soit à jamais effacé!
Vous ne partirez pas, oh! n'est-ce pas, de grâce?

Marguerite garde le silence.

LE ROI, allant à la fenêtre.

Le ciel s'est éclairci. — Nous aurons bonne chasse;
A demain donc, messieurs.

Sur un geste du roi, la cour se retire. Puis le roi se dirige vers la porte de gauche.

LE ROI.

Marquise, vous venez?

Elle reste pensive et préoccupée. Il disparaît.

MATHÉUS, à Marguerite.

Deux mots.

MARGUERITE.

Qu'avez-vous donc à me dire?

MATHÉUS.

Écoutez.
Il faut que vous veniez demain dans ma demeure.

MARGUERITE, avec éclat, le regardant en face.

Vous voulez vous venger! — Ah! du moins à cette heure

Je vois clair en votre âme... Oui, ceci m'avertit.
Vous êtes resté pur. — Votre rôle finit,
N'est-ce pas? — A demain, sans doute, la vengeance?

MATHÉUS.

Vous ne trahirez pas mon secret, je le pense.
Frédéric vous est cher, mais je reste toujours,
Songez-y, votre époux.

MARGUERITE.

        Il y va de vos jours.
Oh! je ne dirai pas ce que je crois comprendre.

MATHÉUS.

Un de mes serviteurs demain viendra vous prendre
Et vous amènera sans que nuls soient instruits. —
Donc, je compte sur vous.

MARGUERITE.

        Oui, Mathéus, je suis
Prête à vous obéir.

A part.

        Pleine de terreur sombre,
Sur tous les deux là-bas je veillerai dans l'ombre.

Elle se dirige vers la porte de gauche et disparaît.

SCÈNE VIII

MATHÉUS, seul.

Pauvre cœur, qui te crois maudit et condamné,
Va, je veille sur toi ! Car je t'ai pardonné,
Moi dont l'âme d'amour est encor toute pleine,
Et qui te perds pourtant à jamais ! — Flamme vaine,
Meurs en moi ! — Donc cette heure, elle surgit enfin,
Où l'on découvrira mon but et mon dessein !
Et bientôt, finissant mon affreux personnage,
Je me redresserai triomphant de l'outrage !

FIN DU DEUXIÈME ACTE.

ACTE III

La maison de Mathéus. — Ameublement somptueux. — Porte au fond, porte à droite, cachée par une tapisserie. — Petite porte à gauche. — Fenêtre du même côté.

SCÈNE PREMIÈRE

Marguerite, voilée, soulève la tapisserie de la porte de droite et entre avec précaution, comme craignant d'être surprise.

MARGUERITE, seule.

Personne !

Elle s'avance.

Que va-t-il se passer ?..... Dans les bois
J'entends les sons du cor mêlés au bruit des voix;
Ils sont loin. — Jusqu'ici nul indice du piége.

Mais tantôt, au retour !... L'épouvante m'assiége.
Je veux les épier, guettant l'événement. —
Mathéus me permet, — c'est étrange vraiment, —
De parcourir ici la maison tout entière.
« Vous n'êtes pas, au moins, m'a-t-il dit, prisonnière.
Allez en liberté. Qu'on ne surprenne pas,
C'est tout ce que je veux, la trace de vos pas ! »
Ah! je comprends, il croit me rassurer sans doute.
Allons, c'est bien, je reste, et j'attends, et j'écoute.
J'interroge ces lieux que je connais si bien.
Qu'importe qu'en cherchant je ne découvre rien !
— A veiller sur tous deux jusqu'au bout attachée,
Invisible témoin, je resterai cachée,
Partageant ma pitié, dans ce cruel moment,
Et ma terreur muette, entre eux également.
— Mon époux et le roi sont tous deux en présence.
L'un prépare dans l'ombre une juste vengeance.
Si l'autre doit payer pour son crime aujourd'hui,
Que ce soit moi, mon Dieu, qui paye ici pour lui !
Mais, si le roi pourtant sort vainqueur de ta haine,
O Mathéus! ta perte est désormais certaine!
Tu mourras! De ta mort je devrai compte au ciel!
De tous côtés malheur et remords éternel !

<small>Après un silence, regardant autour d'elle.</small>

O Dieu ! si l'on pouvait retourner en arrière,
Reprendre l'innocence et la vertu première,
Si je pouvais revivre où j'ai vécu jadis,
Dans cette oasis calme et dans ce paradis !
Je croyais y souffrir, — je demandais l'espace.
Malheureuse ! — A présent, à cette même place,
Me voici déjà lasse et pleurant à jamais !
O paisible séjour empli de douce paix,
Berceau de mon enfance et tombeau de mon père,
Ma petite maison, qui me redevient chère ! —
C'est ici qu'un vieillard austère et sérieux,
Le soir venu, trouvait sa gaieté dans mes yeux. —
J'ai brisé ce bonheur, il ne peut plus renaître.
Il n'en reste plus rien qu'on puisse reconnaître,
Pas même un souvenir dans le logis au moins !
— Tous les meubles anciens, de ce passé témoins,
Ont disparu : cette humble et modeste retraite
Pour recevoir un roi maintenant semble faite;
Et, rien qu'en regardant cette maison, je vois
Qu'ils sont morts pour toujours, mes beaux jours d'autrefois !
Eh bien, puisque je suis maudite avec justice,
Que le courroux du ciel sur moi seule sévisse !

Que je les sauve enfin, me mettant entre eux deux !
Je leur dirai : Soyez cléments et généreux.
Vous, épargnez le roi si vous en êtes maître ;
Vous, sire, à mon mari faites grâce. — Peut-être,
Ainsi par une femme, hélas ! qui veut mourir,
Ces deux cœurs implorés pourront-ils s'attendrir !
A mon dernier soupir donne-moi cette joie,
Mon Dieu ! — Du bruit. Que nul avant l'heure me voie !

Elle disparaît par la porte de droite. Entrent par le fond le roi et le comte de Ploën. Costume de chasse.

SCÈNE II

LE ROI, LE COMTE.

LE ROI.

Nous sommes les premiers, tant mieux, au rendez-vous.
J'ai voulu me hâter, Ploën. Il m'était doux
De revoir, loin du bruit importun, en silence,
Les lieux où m'apparut cet ange d'innocence.
Leur souvenir est cher à mon cœur amoureux.
Ici j'étais aimé, comte, j'étais heureux !

Sous le nom d'Évian caché, cette demeure
Fut pour moi du roman la page la meilleure.
Nous sommes revenus ; — mais, regrets superflus, —
Le temps évanoui, lui, ne reviendra plus.
— Çà, quel air singulier ! Quelle morne figure !
Explique-moi, voyons... — Est-ce que d'aventure
Tu te trouves, Ploën, mal à l'aise ? — Pardieu !
Tu me fais tout l'effet d'avoir peur en ce lieu.

LE COMTE, effaré.

Ah ! sire, pouvez-vous penser que je soupçonne
Le comte Spark ?

LE ROI, riant.

    Allons, nous sommes seuls : personne,
Lui surtout, ne saura : va, je te le promets.....

LE COMTE.

Eh bien, sire, je crains quelques périls secrets.
Pardonnez ! j'ose ici parler de cette sorte.
Sire, votre salut sur le reste l'emporte.

LE ROI.

Merci de ton avis. Nul ne l'entend que moi.
Achève.

LE COMTE.

Nous voici sans défenseurs, mon roi.
La cour est éloignée : ah! c'est une imprudence
Que de vouloir rester davantage, et je pense
Qu'il n'est que temps déjà de partir.

LE ROI, s'asseyant.

        N'as-tu pas,
Dis-moi, vu les valets qui préparaient en bas
Le souper? — Vive Dieu! l'odeur des mets me tente.
Nous souperons, je crois, de façon excellente.

LE COMTE.

Mais, pourtant...

LE ROI.

      Plus un mot. Tu n'es qu'un compagnon
Maussade : je ne sais, sur l'honneur, de quel nom
Appeler ta frayeur ridicule et sinistre.
Quoi de plus simple enfin? — Le comte, mon ministre,
M'invite à visiter sa nouvelle maison;
Et toi, tu pars de là pour crier : Trahison! —
Écoute bien, celui que soupçonne ton âme,

Sublime ambitieux, sut oublier sa femme.
Il immola sa haine et ses transports jaloux.
Sais-tu de quoi tantôt nous parlions entre nous?
— Du baron de Steinborg, à qui, sur la prière
Du comte, je rendrai sa fortune première.
Et tu crois qu'un tel cœur, de si grands intérêts
Occupé tout entier, nourrit de noirs projets?
Non, l'État à sauver est le point qui le touche.
Vraiment, cet homme est grand. Qu'un autre s'effarouche,
Lui reproche son rôle et le blâme ! — Ma foi,
Moins sévère, je dis que je l'admire, moi.
Il aime son pays, c'est sa vertu secrète.

LE COMTE, à part.

Si j'apprenais au roi l'injure qui fut faite
Hier même par d'Holberg à Spark, en vérité,
Je crois qu'il aurait peur..... Mais, d'un autre côté,
Ce d'Holberg me devient un ennemi..... Que faire?
A quoi me décider?... Faut-il parler, se taire?

LE ROI, bâillant.

Va-t'en donc voir, Ploën, s'ils arrivent enfin.
J'ai hâte de souper. Je me sens une faim!

LE COMTE.

Vous voulez?

LE ROI.

Va, te dis-je.

Ploën sort par la porte du fond.

SCÈNE III

LE ROI, puis MATHÉUS.

LE ROI, seul.

Ah! sa terreur m'assomme!
A-t-on jamais rien vu de pareil? — Un pauvre homme,
Ce Ploën!

Mathéus ouvre la petite porte de gauche. Il a repris son costume du premier acte.

MATHÉUS, à part.

Seul enfin! — J'attendais cet instant,
Le cœur d'anxiété cruelle palpitant!

ACTE III, SCÈNE III.

Voyant bouger la tapisserie qui cache la porte de droite.

Elle est là! Bien, c'est bien. Donc, Marguerite, écoute!

Il s'approche du roi.

LE ROI, regardant Mathéus.

Que veut dire ceci, ce costume?

*Mathéus, sans répondre, va fermer au verrou la porte du fond. Le roi,
avec hauteur, sans se troubler.*

Sans doute
Vous avez quelque chose à m'apprendre, en ce lieu,
D'important pour l'État? Mais, comte, vive Dieu!
Ce vêtement messied. Il est d'un choix étrange.
Est-on en carnaval, pour que d'habit l'on change?
Enfin, puisqu'il vous plaît d'être ainsi déguisé,
Parlez vite, monsieur, parlez, je suis pressé.

MATHÉUS.

Sire, du Danemark nous n'avons pas ensemble
A causer; — un motif différent nous rassemble.

LE ROI, sur le même ton.

Si d'un secret d'État vous ne me parlez pas,
Commencez par ouvrir cette porte, en ce cas

MATHÉUS, immobile.

Non, sire.

LE ROI.

En vérité, j'admire votre audace !

MATHÉUS.

Je prétends vous parler aujourd'hui face à face,
Sans témoin, — et personne, ici, sachez-le bien,
De venir jusqu'à nous ne trouvera moyen.

LE ROI, se levant menaçant.

Ah ! comte !

MATHÉUS.

De ce mot, stigmate de ma honte,
Ne me flétrissez plus : je ne suis plus ni comte
Ni ministre ; écoutez, car je suis Mathéus,
L'époux que vous avez outragé ; — je n'ai plus
De masque, regardez et comprenez ; — c'est l'heure
Où finit entre nous et comédie et leurre.
D'appeler au secours ne prenez pas le soin,
Oh ! vous m'appartenez ! vos courtisans sont loin !

LE ROI.

Pensez-vous que j'ai peur? Regardez mon visage,
Allons, tâchez d'y voir la pâleur au passage.
Je brave en le raillant votre piége. — Ainsi donc,
Maître Mathéus Spark, c'était un jeu profond
Que vous jouiez?

MATHÉUS.

   Il avait confiance!
Il me croyait à lui! Jamais sa conscience,
Dieu, ne l'a tourmenté! Non, il s'est figuré
Que j'étais assez vil pour m'être à lui livré;
Que mon silence affreux, mon maintien impassible
Devant elle, c'était une chose possible! —
Enfin, vous voilà pris à mon piége vainqueur,
Et vous voudrez en vain m'échapper, monseigneur.
Dieu m'a donné la force et de vivre et d'attendre,
Le cœur brisé, guettant l'instant de vous surprendre.
A nous deux maintenant! vous n'échapperez pas,
Car ces murs sont épais, et nul n'entend d'en bas!

LE ROI.

Faites donc. Cependant un mot. De mon offense

Vous pouviez, sans tarder autant, tirer vengeance;
Car un coup de poignard est donné promptement.
Mais, au fait, vous craigniez de cet événement
Les suites : en ce lieu je périrai dans l'ombre.
Nul ne soupçonnera cet événement sombre.
Le roi doit disparaître ici, frappé d'un bras
Inconnu; c'est cela, j'ai compris, n'est-ce pas?

Avec éclat.

Oh! n'avoir pas d'épée au moins pour me défendre!

MATHÉUS, grave.

Ne vous pressez pas tant de juger sans comprendre.
Car vous ne savez point ce que je veux de vous. —
Oui, j'ai dû vous tenir seul, isolé de tous.
Mais ce n'est pas pourtant que mon sort m'inquiète :
La mort est désormais tout ce que je souhaite. —
Mais il fallait, ô roi! que nul n'entrât soudain
Pendant que je dirais mon but et mon dessein. —
Au palais votre garde est fidèle à la porte,
Et vous auriez crié, sans m'écouter : Main-forte!
— Nous sommes tous les deux bien seuls pour le moment.
Or l'instant est venu de s'expliquer, vraiment; —
Et c'est cette maison, témoin de l'imposture,

ACTE III, SCÈNE III.

Qui va voir expier une action impure !
Dieu le permet ainsi. De votre trahison,
Monarque, vous paierez en ce lieu la rançon.
L'honneur sera rendu par vous à Marguerite
A cette même place où vous l'avez séduite.

LE ROI.

Au fait ! — Où voulez-vous en venir ?

MATHÉUS.

A ceci :
Vous avez abusé, sous un faux nom, ici,
La fille du marquis d'Altona. — Pauvre femme,
Elle crut au proscrit qu'elle donnait son âme ! —
Oh ! je le sais, Ploën m'a dit tout son secret.
Votre nom, votre rang, elle les ignorait.
Elle aurait fui le roi, de terreur tout emplie,
Car ce n'est pas au roi qu'elle donnait sa vie.
Osez me démentir ! Je connais ses douleurs,
J'ai surpris quelquefois la trace de ses pleurs,
Et j'ai vu se briser la victime éperdue
Sous votre amour royal dont la honte la tue.

LE ROI.

Assez ! au fait, vous dis-je !

MATHÉUS.

Oh! j'y viens, à présent. —
Il faut qu'il cesse enfin, son opprobre cuisant.
Il faut que cette enfant d'une vieille noblesse
Ne reste pas un jour de plus votre maîtresse.
J'ai vraiment bien souffert de ne pouvoir parler.
Mais je devais attendre, hélas! et reculer,
Jusqu'à cet entretien secret, mon espérance.
L'heure enfin a sonné... l'heure de délivrance.
Écoutez. Je n'en veux pas à vos jours, ô roi!
Et je vous hais pourtant... Nul jamais plus que moi
Ne vous porta de haine à ce point furieuse...
Mais de tout ce courroux elle est victorieuse.
Mon cœur tout débordant de colère et de fiel
S'est apaisé, songeant à son tourment cruel.
J'ai voulu son bonheur plutôt que ma vengeance.—
Voyez, en ce moment, calmant la violence
De mon ressentiment devant vous soulevé,
Je dis : Rendez la joie à ce cœur éprouvé.
Elle est digne de vous, vous connaissez son âme,
Sauvez-la des mépris de votre cour infâme.
Que tous ces courtisans qui l'insultent tout bas

Sachent bien que le roi ne la méprisait pas !
Sire, que votre amour généreux la relève !
En un mot, écoutez maintenant, car j'achève :
La fille du marquis d'Altona, qu'elle soit
Votre épouse ! — Devant le Seigneur qui nous voit,
Elle est libre.

Tirant un papier et un livre de son pourpoint.
   Voici de quoi briser sa chaîne.

Montrant le parchemin au roi.
L'acte est prêt du divorce ; elle peut être reine,
Lisez, et maintenant jurez, prince, jurez,

Posant le livre sur la table.
En étendant la main sur les livres sacrés,
Sur la Bible, témoin auguste et redoutable,
Que vous terminerez son destin misérable,
Que vous annoncerez devant tous votre hymen
A l'instant. Songez-y, je vous tiens dans ma main,
Je pourrais vous tuer, eh bien, pour mon outrage,
Je ne demande ici que votre mariage.
J'ai dit, répondez-moi ; sire, consentez-vous ?

LE ROI.

Qu'entends-je ?

MARGUERITE, à part.

C'était là ton projet, noble époux !
Elle laisse retomber la tapisserie.

LE ROI.

Vous avez un grand cœur. Une telle vengeance,
Certe, est digne de vous. J'admirais en silence,
Pendant que vous parliez. L'intervalle pourtant
Entre mon lit, monsieur, et mon trône est trop grand.
Au roi de Danemark il faut une autre épouse,
Fille de souverains. — La fortune jalouse
Ne nous accorde pas, à nous autres, jamais,
De suivre de nos cœurs les mouvements secrets.
Que dirait-on de moi, partageant ma couronne?.....

MATHÉUS, grave.

Il faut faire avant tout ce que l'honneur ordonne,
Sans hésitation, sans consulter ici
Ce que veut votre rang ou l'État. Ce souci
Passe après le devoir.

LE ROI.

Non, c'est une folie.

MATHÉUS.

Prenez garde, qui sait? Elle écoute, remplie
De crainte et d'espérance, et vos cruels discours
Sans doute la tueront.

LE ROI.

Je l'aimerai toujours;
Mais l'élever au trône est impossible, en somme.
Le marquis d'Altona fut un bon gentilhomme;
Par malheur je suis roi.

MATHÉUS, brusque.

Vous voulez donc mourir? —
Puisque vous refusez, j'ai le droit d'en finir
Autrement.
Avec éclat.
Tu paieras, ô séducteur infâme!
Tout le mal que tu fis à cette pauvre femme!

LE ROI.

C'est bien, assassinez.

MATHÉUS.

Je n'assassine pas.

Si tu veux, quoique roi, te battre, dans ce cas
Mesurons-nous tous deux.

<small>Montrant la petite porte masquée.</small>

Là, pour chacun une arme.

LE ROI, après un silence.

Le duel est inégal. Votre âge me désarme.
A mon tour, je ne veux pas être un meurtrier.

MATHÉUS.

Mon bras est ferme encore et peut te châtier.

LE ROI.

Je ne me battrai pas. Allons, frappez!

MATHÉUS.

Misère!
Il me brave, il se rit ici de ma colère! —
Mais ne sens-tu donc pas que c'est trop me tenter,
Et que je peux vraiment, monarque, t'écouter?
Eh quoi! j'aurai longtemps dévoré mon injure,
Joué mon rôle affreux, accepté la souillure,
J'aurai feint d'être infâme et vendu devant tous,
Et, quand l'espoir si beau qui calmait mon courroux

M'échappe, je viendrais, par un scrupule étrange,
T'épargner! — Non vraiment! Choisis : sois de cet ange
L'époux, ou tu mourras. Encor un coup, choisis.

LE ROI.

La menace sur moi ne peut rien. Je te dis
De frapper.

MATHÉUS.

Eh bien non, sire, plus de menace.
De Marguerite prends pitié. Pour elle grâce!
J'immole mon courroux pour son bonheur, tu vois.
Toi qu'elle aime, fais donc quelque chose aussi, toi!
Ton cœur n'est-il pas las de coupables ivresses?
Ne veux-tu pas enfin de plus nobles tendresses?
Qu'elle soit ton vainqueur! Par elle tu seras
Un grand roi. — Car le ciel met parfois ici-bas,
Près de nous, pour tirer de l'abîme notre âme,
Un sauveur tendre et doux, sous les traits d'une femme.

LE ROI.

Pardieu! votre discours en ce moment me plaît,
Vous l'avez pris soudain sur le ton qu'il fallait.
Vous ne menacez plus, je peux donc vous entendre.

Oui, vous avez raison. Cette femme au cœur tendre
Et pur me sauverait! — Mon règne vaudrait mieux.
J'entrevois l'avenir splendide et radieux.
Que m'importe après tout l'étonnement du monde?
Mon peuple bénira l'influence féconde
Qu'elle prendra sur moi. Bref, le plan est hardi,
Et m'enchante. — En un mot, le débat est fini :
Je la prends pour épouse. Elle est reine! Ouvrez, maître,
La porte maintenant, car ma cour peut paraître.
Vous n'avez pas besoin que je jure, je croi,
Sur la Bible, est-ce pas?

MATHÉUS.

En votre honneur j'ai foi.

LE ROI.

Allez donc! Devant tous je la prendrai pour femme.

Mathéus se dirige vers le fond. Il retire le verrou. Marguerite
se précipite dans la chambre par la porte de droite.

SCÈNE IV

LES PRÉCÉDENTS, MARGUERITE

MARGUERITE.

Arrêtez!

LE ROI.

Vous! Bonheur!

MATHÉUS.

Que voulez-vous, madame?

MARGUERITE.

N'appelez pas la cour; c'est inutile.

MATHÉUS, à part.

O Dieu!

Qu'elle est pâle!

LE ROI.

Pourquoi?

MARGUERITE.

J'écoutais en ce lieu,
Cachée, et j'admirais votre âme magnanime,
Mathéus. Ainsi donc vous avez pour mon crime
Cette compassion profonde! Votre cœur,
Au lieu de me maudire, a pleuré mon malheur! —
Roi, vous voulez ici m'offrir une couronne...
Merci. — Je ne veux rien désormais de personne,
Par je n'appartiens plus à la terre à présent,
J'appartiens à la mort, au tombeau!

Elle approche rapidement de ses lèvres un flacon et le vide.

MATHÉUS.

Dieu puissant!
Qu'a-t-elle fait?

LE ROI.

C'est là du poison, Marguerite!
Oh! quelqu'un! au secours! quel est ce flacon, vite?
Parlez!

MARGUERITE.

C'est du poison.

ACTE III, SCÈNE IV.

MATHÉUS.

Malheureuse!

MARGUERITE.

Le ciel
Me fasse grâce! Ami, mon sort était cruel
Plus que vous ne pensez... Si je pouvais vous dire!...

LE ROI.

Ah! je comprends! Tantôt, — le remords me déchire, —
J'ai dit que cet hymen ne se ferait jamais.
Mais j'ai bien réparé ces paroles après...

MARGUERITE, qui s'est laissée tomber sur un fauteuil.

Oh! ce n'est pas cela! Viens, Mathéus, écoute;
Approche-toi. La mort, dans un instant sans doute,
M'aura prise : entends-donc, au moins, pourquoi je meur.
Je n'aimais plus le roi. — Pour jamais de mon cœur
La sainte illusion hier s'était enfuie,
Et je voulais dès lors mettre fin à ma vie.
— Ami, j'ai rejeté l'hymen que tu voulus...
Car il était trop tard, car je ne l'aimais plus!
Ma vie à ses côtés n'eût été qu'un martyre. —

Approche-toi, plus près... Oh! laisse-moi te dire,
Celui que j'ai béni tantôt, que j'ai chéri,
Ce n'est plus Frédéric, mais c'est toi, mon mari!...

LE ROI, à part.

Que cet homme est heureux!

MATHÉUS.

Quoi! mourir à cette heure!
—Oh! non! je ne veux pas, Dieu juste, qu'elle meure!

Il se dirige vers la porte du fond.

Un médecin!

MARGUERITE.

Pourquoi?—Puis-je vivre?—A quoi bon?

MATHÉUS.

T'ai-je pas pardonné, dis-moi? — L'oubli profond
Viendra : va, nous pouvons vivre heureux.

MARGUERITE.

O chimère!

Avec un cri déchirant.

Mathéus, c'est la mort qui vient. Adieu!

Elle expire.

MATHÉUS.

Misère !

Traînant le roi vers Marguerite.

Est-elle morte, dis ? — Regarde ! —

LE ROI.

Elle n'est plus !

Mathéus, accablé, se penchant sur elle.

Marguerite !

LE ROI, à part.

C'est toi qu'elle aimait, Mathéus,
En mourant. — Je te hais !

MATHÉUS, au roi.

Tu creusas cette tombe,
Oh ! que sa mort sur toi, non sur elle, retombe !

Entre par le fond Ploën, suivi de d'Holberg et de plusieurs seigneurs.

SCÈNE V

LES PRÉCÉDENTS, PLOËN, D'HOLBERG,
LES SEIGNEURS.

PLOËN.

Accourez tous, messieurs.

Au roi.

N'avez-vous pas tantôt
Appelé, sire, à l'aide?

LE ROI.

Oui, mon cheval. Il faut
Que d'ici nous partions à l'instant.

D'HOLBERG.

Dieu! Madame
D'Olten morte, messieurs!

Ils reculent tous d'un pas.

LE ROI, *à part, regardant Marguerite étendue, devant
laquelle Mathéus est agenouillé.*

Elle emporte mon âme!

Oh! comme je l'aimais! je ne l'oublierai pas!
— Et le Danemark lui perd son ministre, hélas!

Il sort, suivi de sa cour.

SCÈNE VI

MATHÉUS, MARGUERITE.

Mathéus se lève, va fermer la porte du fond, puis revient à Marguerite, qu'il embrasse au front.

MATHÉUS.

Ils sont enfin partis! — Sa dépouille mortelle
Appartient à moi seul. — De ma douleur près d'elle
Que je meure, mon Dieu! dans ce moment affreux,
Et qu'un même linceul nous couvre tous les deux!

FIN DE LA RANÇON DU ROI.

LE PARDON

COMÉDIE EN UN ACTE, EN VERS

PERSONNAGES

RÉGINE.
FABRICE.
DAMIEN.
BIANCA.
VIOLENTE.

Florence. — Dix-huitième siècle.

LE PARDON

Un intérieur d'artiste. — Un clavecin à droite. — Porte au fond.
Fenêtre à gauche.

SCÈNE PREMIÈRE

REGINE, FABRICE.

RÉGINE, froissant une lettre entre ses mains.

Fabrice, en vérité, cette réponse est dure.
L'argent offert par moi pour eux est une injure.
Voilà le mot cruel que leur refus contient.
Ma richesse pourtant du théâtre me vient.
Ils pouvaient accepter.

FABRICE, assis au clavecin.

N'y pense plus; qu'importe?...

RÉGINE.

Ils m'ont trouvée enfant sur le seuil de leur porte,
Et, sur mon triste sort prompts à s'apitoyer,
Ils m'ont fait aussitôt une place au foyer.
C'étaient de pauvres gens, mais leur âme était bonne;
Ils dirent seulement : C'est Dieu qui nous l'ordonne !
Un fils leur était né; la mère l'allaitait.
L'enfant de l'étrangère eut sa part de ce lait,
Puis leur amour seize ans, comme leur propre fille ;
Mais elle, s'ennuyant dans la douce famille,
S'enfuit un jour loin d'eux pour payer leurs bienfaits.

FABRICE.

Laisse ce souvenir : qu'y peux-tu désormais?

RÉGINE.

Une fille restait au moment de ma fuite,
Un enfant de sept ans. — A la chère petite
J'ai voulu ce matin envoyer un présent;
Un peu d'or pour sa dot : c'était un don blessant;

Voilà que contre moi leur fierté se courrouce !
Si tu savais pourtant : ma lettre était bien douce !
Je leur disais : « Prenez. Si vous saviez combien
« D'un cœur tout attendri de vous je me souvien !
« Acceptez pour l'enfant; car elle m'est bien chère,
« Celle qui consola ma nourrice, ma mère,
« Du chagrin de ma fuite et de mon abandon.
« Son bonheur fait par moi, ce serait mon pardon ! »
Illusion qui meurt ! — Elle doit être belle;
Elle le promettait quand je m'éloignai d'elle.
Oh ! le chérubin blond ! je ne le verrai plus,
Plus jamais. — Un regret? — Non, non, je le voulus :
Ivre d'indépendance, et vers l'art entraînée,
Je suivis le destin pour lequel j'étais née.
Aujourd'hui, si déjà se fatigue ma voix,
Si je n'ai plus bientôt les succès d'autrefois,
La consolation d'avance est toute prête :
C'est ton amour qui met une éternelle fête
Dans ce cœur pour le reste éteint dorénavant,
Mais vivant pour toi seul et par toi seul vivant.

FABRICE.

Régine !

RÉGINE.

Comprends-tu? Je n'ai que toi sur terre.
D'autres ont des parents, d'autres ont une mère.
Moi, je n'ai rien que toi. — Ne me trompe jamais.
Ce serait mon arrêt de mort : tu me tuerais.

FABRICE.

Ah! crois bien...

RÉGINE.

As-tu donc besoin de te défendre?
Va, je connais ton cœur et si bon et si tendre.
Pensais-tu que j'avais quelque crainte vraiment?
Fabrice, je me fie à toi complétement.

FABRICE, se levant avec vivacité.

Trombetta m'a donné rendez-vous : je te quitte.

RÉGINE.

Quoi! tu vas au théâtre?

FABRICE.

Oh! je reviendrai vite.
Ne jouant pas ce soir, je sais que tu m'attend.

SCÈNE II

RÉGINE, seule. Un silence; elle se lève tout à coup.

Le directeur, j'y songe, est absent pour l'instant.
Il est à sa villa. Mon Dieu, que signifie?...
Quoi! Fabrice me ment! Oh! serais-je trahie?
Je le saurai!

Elle met précipitamment une mante.

Je veux voir où Fabrice va.
Mais comment le pourrais-je? il est bien loin déjà.
Oh! n'importe, je veux!... Il est chez une femme,
Peut-être!... C'est horrible!... oh! l'infâme, l'infâme!
Mais je me vengerai!... Les hommes mentent bien!...

Elle s'élance pour sortir et se rencontre avec Damien.

SCÈNE III

RÉGINE, DAMIEN.

RÉGINE, avec étonnement.

Vous! c'est vous!

DAMIEN.

Pour chercher Fabrice ici je vien.

RÉGINE.

Et que lui voulez-vous?

DAMIEN.

Il s'agit d'un affaire
D'honneur entre nous d'eux.

RÉGINE, à part.

Ciel! qu'entend-je? misère!
Que me faut-il apprendre encor? C'est un danger
Qui menace Fabrice : allons, pour me venger
J'attendrai!

DAMIEN.

Sans témoins j'ai deux mots à lui dire.
S'il est sorti pourtant, adieu, je me retire.

Il fait un pas vers la porte.

RÉGINE.

Restez!

SCÈNE II.

DAMIEN.

A vous trouver je ne m'attendais pas.
J'aurais dû le savoir. — Excusez-moi. Là-bas,
Dans l'ombre où nous vivons, et cette ombre est profonde,
Aucun bruit jusqu'à nous ne vient de votre monde.

RÉGINE, indiquant la lettre qu'elle a jetée sur une table.

Mais votre père a su ma demeure, Damien...

DAMIEN.

Sans doute il a pensé n'en devoir dire rien.

RÉGINE.

Oui, qu'importe en effet qu'on sache ou qu'on ignore?
Suis-je à présent pour vous de la famille encore?

DAMIEN, avec brusquerie.

Si Fabrice est sorti, je m'en vais.

RÉGINE.

Un seul mot.
D'un affaire d'honneur vous me parliez. — Il faut
M'expliquer tout... Parlez. Quel motif vous amène?

DAMIEN, comme se décidant soudain.

Eh bien, c'est un duel.

RÉGINE.

Entre vous une haine !

DAMIEN.

Il n'est pas plus que moi gentilhomme, mon sang
Vaut le sien.

RÉGINE.

Mais... pourquoi ?

DAMIEN.

Vous-même jugez-en.
Si votre cœur se brise après un tel mécompte,
Je ne vous plaindrai pas : vous fîtes notre honte.

RÉGINE, fière.

Assez ! j'écouterai cela quelque autre jour !

DAMIEN, continuant.

Votre amant à ma sœur a dit des mots d'amour.

SCÈNE III

RÉGINE.

Comment ! c'est de Bianca qu'il s'est épris? C'est d'elle !
Quoi ? Bianca, ma rivale! oh! l'épreuve cruelle !

DAMIEN.

Au modeste foyer lorsqu'il venait s'asseoir,
Qu'il y restait joyeux et charmé de la voir,
Comment de trahison soupçonner ses paroles?
Nous, sans excès d'orgueil, sans présomptions folles,
Pensions que, né du peuple, en toute loyauté
Il pouvait s'allier à notre pauvreté.
Notre erreur a duré tout un mois.

RÉGINE.

       Puis ensuite ?

DAMIEN.

Ne devinez-vous pas? Fabrice a pris la fuite.
On parlait de hâter le mariage enfin.
Il était temps de fuir. Pour adieu, ce matin,
Voilà qu'il nous écrit une lettre insensée,
A laquelle elle croit, la pauvre délaissée,
Mais que j'appelle, moi, mensonge, et qu'à l'instant

Va payer de ses jours le traître que j'attend.

RÉGINE.

Que dit la lettre, au moins?

DAMIEN, avec un accent d'ironie amère.

Qu'il a la mort dans l'âme,
Que sa chaîne est rivée au destin d'une femme,
Qu'il ne peut la quitter, qu'elle l'aime ardemment,
Qu'il la tuerait, qu'il est lié par un serment. —
Alors que, pauvre artiste, inconnu, seul au monde,
Il voyait s'épaissir l'obscurité profonde,
Cette femme soudain de l'ombre le tira
Et fit représenter son premier opéra.
Il jura de toujours adorer sa maîtresse.
Mais il ne l'aime plus, et sa douleur l'oppresse;
Sa douleur, qu'il compare aux tourments de l'enfer.
Le doux front de ma sœur à ses yeux s'est offert.
Aussitôt il crut voir du ciel descendre un ange.
Il la suivit, poussé par une force étrange,
En délire, oublieux de la réalité,
Ainsi qu'un voyageur vers un bord enchanté
Va sans se souvenir qu'un écueil l'en sépare.

SCÈNE III.

« Ah ! quand un amour vrai de notre cœur s'empare,
Ajoute-t-il, l'on dit que le reste est fini,
Que l'on est libre enfin, que du passé terni
L'on va sortir ainsi que les morts de leur tombe !
Puis devant un serment qu'on vous rappelle, tombe
L'illusion ! » — Fabrice ainsi veut s'excuser ;
Mais ce n'est pas ainsi que l'on peut m'abuser.
Sa lettre est imposture !

RÉGINE.

Ah ! parlez sans colère !
Que supposez-vous donc ?

DAMIEN.

Moi ? que dans cette affaire
Ce beau muguet ne fut qu'un lâche suborneur.
Il est entré chez nous riant de notre honneur.
La pauvreté, pourquoi se gêner avec elle ?...
Puis, étonné de voir Bianca fière et rebelle,
Il y renonce et croit qu'après tout sera dit.
Morbleu ! mon cœur gonflé de colère bondit !

RÉGINE.

Mais vous eût-il écrit, s'il est vraiment un traître ?
Il eût jeté le masque en s'enfuyant.

DAMIEN.

                      Peut-être.
En somme, il se peut bien qu'étant vil et trompeur,
D'un duel entre nous en secret il ait peur.

RÉGINE.

Vous le connaissez mal, il est brave; — il déteste
Ces lâches trahisons dont vous parlez. J'atteste
Moi-même, qui par lui pourtant saigne à présent,
Que tout ce qu'il a dit, il l'a dit le pensant;
Que sa lettre est loyale, et que, s'il l'a signée,
Son âme est à Bianca complétement donnée.
C'est un homme d'honneur avant tout : j'en ferai
Le serment sur le Christ.

DAMIEN.

                    Qu'importe! s'il dit vrai,
Il est blâmable encore et sa faute demeure
Aussi grande. Bianca se désespère et pleure.
De quel droit venait-il se mettre en son chemin?
Quand on n'est pas plus sûr que lui du lendemain,
Faire ce qu'il a fait est un acte coupable.

RÉGINE.

Oh ! c'est une faiblesse au moins plus pardonnable.

DAMIEN.

Une telle faiblesse, on ne peut l'excuser.
Se jouer du repos d'une enfant, le briser,
Parce qu'à la tristesse on gémit l'âme en proie,
Et que sa douce vue est un moment de joie,
Cela n'est pas permis. C'est bon dans un roman,
Non dans la vie : il faut le lui montrer vraiment;
Je m'en charge.

RÉGINE.

Ainsi donc, elle l'aime, elle l'aime !
C'est tout simple, elle fait comme j'ai fait moi-même.
Il est charmant : comment repousser ce vainqueur?

DAMIEN.

En effet, il triomphe, il l'a frappée au cœur.
Mourir est le seul mot qu'au milieu de ses larmes
Elle ait dit. Il nous vient de cruelles alarmes. —
J'y songe, si vraiment l'on aime ici ma sœur,
C'est donc vous, oui, c'est vous qui faites son malheur !
Quoi, Régine, sans vous elle eût été sa femme !

Jusqu'au bout nous pourrons vous maudire, madame !
Vous nous avez donné le déshonneur d'abord.
Maintenant au logis faites entrer la mort !
Poursuivez... poursuivez... Que Fabrice me tue !
Et vous tressaillirez d'une joie éperdue !
N'allez pas le nier ! tremblez-vous pas pour lui ?
Oh ! quel enivrement si je meurs aujourd'hui !
Et si bientôt ma sœur n'est plus, tant mieux encore !
Morte, il peut l'oublier, si vivante il l'adore !...
Adieu, je n'ai plus rien à vous dire à présent !

Il fait un pas vers la porte.

RÉGINE, se jetant au-devant lui.

Damien, un mot encore... Arrêtez un instant.

Avec un élan soudain.

Vous ne vous battrez pas !

DAMIEN.

      Ne prenez pas la peine
De vouloir arracher cet infâme à ma haine;
Votre effort serait vain.

RÉGINE, avec décision.

       Vous me comprenez peu.

SCÈNE III.

Vous n'aurez pas besoin de vous battre... Mon Dieu,
Ne vous étonnez pas, ne cherchez pas la cause.
Seulement jurez-moi d'attendre la nuit close,
Avant de donner suite au projet qui vous tient.

DAMIEN, avec un sourire d'amertume.

Que j'attende !

RÉGINE.

Écoutez, je vous promets, Damien,
Que Fabrice chez vous viendra ce soir lui-même.
Vous vous expliquerez à cet instant suprême,
Mais pas avant.

DAMIEN.

Pourtant...

RÉGINE.

Il y va du bonheur
De Bianca. Songez-y.

DAMIEN, grave.

Régine, sur l'honneur,
Ce soir même il viendra ?

RÉGINE.

Sur l'honneur.

DAMIEN.

Je vous laisse.
Songez bien cependant quelle est votre promesse...

Il sort.

SCÈNE IV

RÉGINE, puis VIOLENTE.

RÉGINE, seule.

Rêve éteint!... plus d'espoir!... c'est fini!... je sais tout!
Que vais-je devenir après un pareil coup?
Que faire maintenant que s'éteint ma chimère?
A quoi me rattacher? — Au théâtre, misère!
Ma force s'est usée à vingt partitions :
Je n'ai plus l'instrument, si j'ai les passions...
Mais c'est assez me plaindre... Il faut agir sur l'heure.
Oh! qu'ai-je résolu?... Je ne veux pas qu'il meure!
Elle non plus, Bianca!... Si toute autre pourtant

M'eût volé son amour, — Dieu juste, tu m'entend, —
Sans pitié, sans remords, je me serais vengée !
Mais c'est elle ! ma haine en pitié s'est changée...
Je l'appelais ma sœur, je m'en souviens, jadis...
Ah ! n'est-ce pas assez du mal que je leur fis ?
Et vais-je encor briser dans une lutte amère
La fille maintenant comme autrefois la mère ?
Allons, décidons-nous !

Appelant.

Violente ! — Eh bien donc,
Violente !

VIOLENTE.

Madame ?

RÉGINE.

Écoute-moi. Le long
De l'Arnô cours bien vite. A la troisième rue,
La première maison qui frappera ta vue,
Peinte en vert, d'humble aspect, riante cependant,
Entre là sans frapper, et guette auparavant
Si tu n'aperçois pas seule une jeune fille :
N'entre pas, si tu vois quelqu'un de la famille.

VIOLENTE.

Maîtresse, vous souffrez... Vos yeux de pleurs remplis...

RÉGINE.

Ne peux-tu m'écouter sans m'interrompre, dis?
Sous un prétexte adroit amène ici, sur l'heure,
Bianca. — Tiens, donne-lui la raison la meilleure :
Dis-lui qu'il faut sauver quelqu'un qui lui fut cher.
Ajoute qu'en n'osant te suivre, elle le perd.
En un mot, entends-tu, ne reviens pas sans elle.

VIOLENTE.

Madame entièrement peut compter sur mon zèle.

A part.

Oh! ma bonne maîtresse a quelque grand chagrin.
Un malheur est ici survenu ce matin.

Elle sort en courant.

SCÈNE V

RÉGINE, seule.

Oui, je la veux revoir, celle que Fabrice aime,
Celle que je nommais ma sœur. Cette suprême
Entrevue où mon cœur va trouver à loisir
Tant de déchirement dans tant de souvenir,
Il me la faut au moins avant de disparaître.
Après cela, j'aurai plus de force peut-être.
Je ne lui dirai pas qui je suis, mais enfin
Elle m'aura souri, j'aurai pressé sa main,
Sa bouche m'aura dit combien elle l'adore,
Et me remerciera de le lui rendre encore...
J'ai bien fait d'envoyer Violente là-bas...
Mon Dieu, si cependant elle venait pas,
Aurai-je le courage?.. oh! non, c'est impossible!
Je veux la voir, afin d'être après insensible. —
Comment l'être pourtant, même si je la voi?
Qu'ai-je fait? qu'ai-je fait? Elle ici, devant moi,
Me disant son amour, me parlant de Fabrice!...
Ce serait trop affreux, un semblable supplice!...

Bianca, ma sœur, oh! non! ma rivale, et c'est tout!
Jamais je ne pourrai l'écouter jusqu'au bout.
Eh quoi! n'a-t-elle pas une mère auprès d'elle?
Il lui faut cet amour, à cette enfant cruelle! —
C'est à moi, c'est à moi que Fabrice appartient!
Il est tout mon espoir sur terre, mon seul bien!
Cet amour dévoué qui brûlait dans mon âme,
Il était ma vertu, ma dignité de femme.
Non, il ne se peut pas que soudain, en un jour,
Je perde mon bonheur à jamais, sans retour! —
Fabrice rougira d'un moment d'inconstance,
Il me demandera pardon de cette offense,
Quand il verra mon cœur à ce point déchiré. —
Je veux lutter, rien n'est encor désespéré.

Un silence.

C'est Fabrice!... avant elle! — Oh! le sort t'abandonne,
Bianca : n'espère plus, enfant, qu'on te le donne!

SCÈNE VI

RÉGINE. FABRICE.

RÉGINE.

Tout à l'heure, en sortant, pourquoi me trompais-tu ?

FABRICE.

Je te trompais !

RÉGINE.

Sans doute. — A l'instant je l'ai su,
Car notre directeur n'était pas à Florence.

FABRICE.

En effet... Mais alors j'ignorais son absence.

RÉGINE.

Ne mens plus. — Dis enfin, où portais-tu tes pas ?
Car Bianca, cependant, tu ne la revois pas ?

FABRICE.

Bianca !... Quoi ! tu sais tout, Régine, pauvre femme !

RÉGINE, à part.

Pauvre femme! a-t-il dit. — C'est le cri de son âme!
Peut-être il se repent!

Haut.

Parle donc maintenant.
Qui t'attendait?

FABRICE.

Personne. — Oh! mais en t'écoutant,
Lorsque tu redisais cet amour qui nous lie,
Et qu'une trahison te coûterait la vie,
J'ai craint quelque rougeur qui fît naître un soupçon,
Et sans but je me suis enfui de la maison. —
Malheureux, qu'ai-je fait? — Une telle inconstance,
Régine, devait-elle être ta récompense?...
Rien qu'un mot maintenant. Comment sais-tu ceci?
Damien est-il venu? — Ce n'était pas ainsi
Qu'il devait se venger! Mon sang, c'était justice;
Mais pourquoi te frapper en place de Fabrice?

RÉGINE.

Ne parlons plus jamais de ce qui s'est passé.
Du reste de nos jours c'est un temps effacé.

En un mot, entends-tu, je t'aime, — et te pardonne.

FABRICE.

Qu'entends-je ?

RÉGINE.

Oh ! n'est-ce pas, ce que je dis t'étonne ?
Tu ne t'attendais pas, connaissant ma fierté,
A semblable douceur, à tant de lâcheté !
Que veux-tu ? J'ai souffert une torture telle,
Attendant ton retour toute une heure mortelle,
Que fureur et fierté tombent en te voyant...
Reprends-le donc, ce cœur, de nouveau confiant.
Oh ! je veux oublier les termes de ta lettre !
Ce sont des mots écrits pour la tromper peut-être,
Pour déguiser enfin l'injure d'un refus.
Tu ne l'as pas aimée... ou tu ne l'aimes plus.
De Damien la vengeance est, dis-tu, légitime.
Quoi ! ton sang ou le sien pour un si faible crime !
S'agit-il donc d'un rapt, d'une séduction ?
Non, Bianca reste pure ; — une autre passion
Consolera l'enfant d'un chagrin éphémère :
Beaucoup de bruit pour rien, c'est, en deux mots, l'affaire.

FABRICE, à part.

Dieu le veuille! Bianca, puisse donc ta douleur
Ne pas durer! — Et toi, Régine, dont le cœur
Se reprend à l'espoir si promptement, oublie!
Garde l'illusion sur notre amour finie.
Ne l'ôter, ce serait être inhumain vraiment.

RÉGINE.

Tout est dit désormais, Fabrice. Seulement
En retour du pardon j'exige quelque chose.
Nous partirons.

FABRICE.

  Partir!

RÉGINE.

     En cherches-tu la cause?
Aux lieux où tu la vis je prétends t'arracher,
Et chercher le bonheur sous un ciel étranger.

FABRICE.

Mais ton engagement pourtant?

RÉGINE.

     Une misère ....

Et je paierai l'argent qui sera nécessaire.

FABRICE.

Et quand veux-tu partir?

RÉGINE.

Quand? Sans aucun retard.
On fera vendre tout après notre départ.
Florence me paraît triste comme une tombe,
Je prétends en sortir avant que la nuit tombe.
Fais tes préparatifs en hâte maintenant.
Je serai bientôt prête. Ainsi, dans un instant.

A part, en sortant.

Elle viendra trop tard.

SCÈNE VII

FABRICE, seul; puis BIANCA et VIOLENTE.

FABRICE, seul.

Partir est le plus sage.
En effet, je pourrais la revoir au passage,
Et retrouver Bianca devant moi, ce serait

Le remords incessant et l'éternel regret.
Oh! oui, en toute hâte il faut quitter Florence.

Il va vers le clavecin et met en ordre des cahiers qui s'y trouvent.

Que vois-je?

Il tient à la main un papier de musique, s'assied rêveur au clavecin et chante :

> A la source, un matin,
> Une enfant rose et blonde
> Était à puiser l'onde.
> L'onde, j'en suis certain,
> N'était pas plus limpide
> Que son âme candide,
> Plus fraîche que son teint.

> Tout couvert de poussière,
> Un voyageur passa.
> « Pendant la nuit dernière
> La marche me brisa ;
> Et la soif me dévore, »
> Dit-il. — Elle avança
> Vers sa lèvre l'amphore.

> Puis, lui prenant la main :
> « Reposez-vous, de grâce,
> Une heure à cette place.
> — Non, un cruel destin

SCÈNE VII

Loin d'ici me repousse ;
Ta vue, enfant, est douce ;
Mais voici mon chemin. »

Il laissa la tristesse
A l'enfant pour adieu.
Elle venait sans cesse
Soupirer en ce lieu.
Pourtant la désolée,
Par la grâce de Dieu,
Un jour fut consolée.

Elle se maria.
Pour lui, maudit sur terre,
Il traîna sa misère
Ainsi qu'un paria ;
Et, mourant de sa peine,
L'enfant de la fontaine
Jamais il n'oublia.

J'ai voulu redire la romance
Qui chante mon amour avec mon désespoir.

VIOLENTE, entrant avec Bianca.

Attendez un moment. Vous allez tout savoir. —

Appelant.

Madame !

Elle sort sans avoir aperçu Fabrice.

SCÈNE VIII

FABRICE, BIANCA.

La nuit vient peu à peu pendant cette scène.

FABRICE, quittant le clavecin.

Vous, Bianca!

BIANCA.

Fabrice!

FABRICE.

Parlez vite,
Comment êtes-vous là?

BIANCA.

Celle qui m'a conduite
M'a dit qu'un ami cher courait un grand péril;
Qu'en venant je pouvais... De quoi donc s'agit-il?

FABRICE.

Un péril!... Ah! mon Dieu, c'est quelque piége étrange!...

Voudrait-on se venger à présent sur cet ange?
Eh quoi! cette douceur qu'on montrait devant moi,
Ce ne serait que feinte et mensonge sans foi?

BIANCA.

Fabrice, où suis-je enfin, que vous parlez d'un piége?

FABRICE.

Chez celle qui vous hait, qui m'abusait, que sais-je?
Hélas! qui doit songer à se venger de nous.

BIANCA.

Chez cette femme, moi!

FABRICE.

Fuyez, entendez-vous,
Fuyez cette maison, s'il en est temps encore!

Il l'entraîne vers le fond du théâtre. Il fait de vains efforts pour ouvrir la porte.

Nous sommes enfermés! — Ah! voici qui t'honore,
Régine! ta vengeance est infâme, entends-tu!...
Mais Bianca, cette enfant, c'est l'honneur, la vertu.
Tu ne feras pas croire au moins qu'elle est coupable.
Ouvre donc cette porte à présent, misérable!...

—Rien, rien!... cette fenêtre!... elle a vingt pieds de haut.
Impossible de fuir! que devenir?

BIANCA.

Il faut,
Sans plus d'emportement, vous résigner, Fabrice.
Votre air loyal tantôt déjouera l'artifice;
Et chacun vous croira quand vous affirmerez
Que dans un guet-apens nous fûmes attirés. —
Pourquoi craindre dès lors qu'ensemble on nous surprenne?
Quant à moi, près de vous, en attendant qu'on vienne,
Ami, je resterai, sûre de votre honneur,
Tranquille comme l'est près d'un frère sa sœur.

FABRICE.

Oh! généreuse enfant! elle nomme son frère
Le misérable auteur de toute sa misère.
Donc en ma loyauté jusqu'au bout elle a foi,
Et malgré mon adieu Bianca se fie à moi!

BIANCA.

En doutiez-vous, Fabrice? Au milieu de mes larmes
Je n'ai pas ressenti de sinistres alarmes.
Je n'ai jamais douté du moins de votre cœur.

SCÈNE VIII.

Quand vous êtes parti, j'ai plaint votre malheur,
Voilà tout, mon ami.

FABRICE.

Mais je fus sans courage;
Devais-je pas vous fuir sans tarder davantage,
Avant que cet amour fût mis entre nous deux?
Je n'avais pas le droit...

BIANCA.

Vous étiez malheureux,
Ami, je m'en souviens. Votre âme fut ravie
En me voyant. Hélas! l'illusion enfuie
Fut douce aussi pour moi. Le naufragé perdu
Qui succombe saisit de son bras éperdu
Le compagnon qui peut le conduire au rivage.
Le désespoir, Fabrice, est un pareil naufrage :
Vous vous étiez à moi de la sorte attaché,
Et je fus cet appui que vous avez cherché...
Que d'autres soient pour vous rigoureux et sévères!...
Pour moi, je n'aurai point de paroles amères,
Moi qui leur dois en somme, à nos courtes amours,
Mon bonheur le plus grand et mes plus heureux jours!

FABRICE.

Ah ! qu'entends-je ?

BIANCA.

Eh bien, oui, le temps de ma jeunesse
Le meilleur, fut celui de cette douce ivresse.
Car j'aimais votre gloire et votre cœur si bon !
Quel plein contentement ineffable et profond !
Qu'un éternel malheur vienne à présent m'atteindre !
J'eus ma part de bonheur, je ne dois pas me plaindre.

FABRICE.

Oubliez-moi, Bianca. Tout est dit entre nous.
La vie est belle encore et féconde pour vous.
Oh ! vous ne garderez rien de moi dans votre âme.

BIANCA.

Vous me connaissez peu, si vous me croyez femme
A redonner mon cœur à quelque autre jamais.
Oh ! je serai fidèle à celui que j'aimais !

FABRICE.

Songez-y cependant ! Vous avez une mère.

SCÈNE VIII.

Vous vous devez, enfant, à ses vœux. Il faut faire
Ce qu'elle exigera, vous consoler un jour,
Enfin prendre un mari de sa main.

BIANCA.

Mon amour
Sera plus fort, hélas! que ma mère elle-même.
Fabrice, écoutez-moi : pour jamais je vous aime !
Et, quel que soit mon sort maintenant ici-bas,
Ce cœur empli de vous ne vous oubliera pas.
Comme vous, pour jamais je garde ma souffrance,
Et, comme vous, je veux perdre toute espérance.

FABRICE, avec explosion.

Ah! ne me parlez plus, de grâce, ainsi, Bianca!
Ne dites plus que rien ne vous consolera !

BIANCA.

Et pourquoi donc?

FABRICE.

Pourquoi? Me croyez-vous de glace?
Ma raison qui succombe au délire fait place.
Oh! ma tête se perd après ce que j'entends!

BIANCA.

Fabrice!

FABRICE.

Mon devoir, n'est-ce pas, mes serments?
Mais ils n'existent plus!... Voici qui me dégage.
Je suis libre!... Ce piége infâme, son ouvrage,
De ma reconnaissance a rompu le lien.
Je suis quitte, vous dis-je, et ne lui dois plus rien!

BIANCA.

Le croyez-vous, vraiment? — Votre amour qui s'abuse
Pour se justifier cherche une lâche excuse.
Est-ce digne de vous, est-ce digne de moi? —
Non, rien ici ne peut dégager votre foi.
Quoi qu'elle ait fait, toujours vous devez un service,
Dès lors vous ne pouvez être libre, Fabrice.

SCÈNE IX

LES PRÉCÉDENTS, RÉGINE.

RÉGINE, qui est entrée en scène depuis quelques instants.

Il le sera pourtant... et sera votre époux.

BIANCA.

Madame !

FABRICE.

Vous, Régine ! ici que dites-vous ?

RÉGINE.

Je dis que je vous rends enfin votre parole.
Je dis que de lutter contre elle j'étais folle.
Si je vous ai tenus un moment prisonniers,
C'était pour mieux savoir combien vous vous aimiez.
Je gardais vaguement quelque espérance étrange;
Mais je vois bien qu'il faut faire place à cet ange.
Vous avez l'un pour l'autre au cœur un tel amour,
Que j'immole le mien condamné sans retour.

FABRICE.

Régine!

BIANCA.

Pauvre femme! un pareil sacrifice!
Oh! mais je ne veux pas du moins qu'il s'accomplisse.

RÉGINE.

Par pitié, n'est-ce pas? — C'est par pitié, je vois,
Qu'il eût feint de m'aimer en partant avec moi.
Je n'aurais pas voulu d'une semblable feinte.
Je n'accepte pas plus à présent d'être plainte.
Notre amour expirant, d'un courageux effort,
Dans un beau dévouement je l'enveloppe mort.

BIANCA.

Eh bien donc, laissez-moi dans ce moment, madame,
Oubliant le passé, ne gardant dans mon âme
Souvenir que du jour qui cessa mon malheur,
Laissez-moi... je voudrais vous appeler ma sœur.
Oh! vous accepterez ce titre, je l'espère;
Si le destin encor nous rapproche sur terre,
Nous nous ressouviendrons de ce lien sacré.

RÉGINE, à part.

Sa sœur ! Elle l'a dit ! le mot inespéré !

SCÈNE X

LES PRÉCÉDENTS, DAMIEN.

DAMIEN, à part.

Fabrice ne vient pas. Je meurs d'impatience !
Dieu ! que vois-je ? Bianca ! Ma sœur en leur présence !

BIANCA, se jetant dans ses bras et montrant Régine.

Mon frère, bénissez Régine, écoutez-moi.
Elle donne Fabrice à mon amour.

DAMIEN, à Régine.

Eh quoi !
Qu'entends-je ?... c'est vous-même !...

FABRICE.

Oui, cette noble femme
Rend le bien pour le mal à qui fut un infâme !

DAMIEN, à Régine.

Mais que deviendrez-vous, cependant?

RÉGINE.

Moi? j'irai
Bien loin, Damien, à Naple, et là je chanterai.
L'art me consolera : c'est un ami sincère
Et fidèle. Bientôt j'oublierai ma misère!

A part.

J'en mourrai, je le sens.

DAMIEN, s'approchant d'elle, d'une voix basse.

Une telle action
Est comme le rachat et la rédemption.
Une noble pensée a surgi dans votre âme,
Et pour vous je ressens de l'estime, madame!
Que Dieu vous accompagne!

RÉGINE, de même, avec un sourire triste.

Eh bien, tantôt l'on a
Refusé mon argent pour la dot de Bianca.
C'est l'époux à présent, non la dot que je donne.

SCÈNE X.

— A ma mère, Damien, pour qu'elle me pardonne,
Dites ce qui se passe aujourd'hui. — Puis, ce soir,
Embrassez-la pour moi.

DAMIEN, de même.

Voulez-vous pas les voir,
Nos bons parents?

RÉGINE.

Qui, moi?

DAMIEN.

Régine, à la nuit sombre,
Je viendrai vous chercher, et, vous guidant dans l'ombre,
Vous mènerai près d'eux, afin de vous laisser,
Vous-même, avant l'exil, au moins les embrasser.

RÉGINE.

Damien, vous êtes bon. — C'est une grande joie
Que Dieu soudainement dans l'épreuve m'envoie.
Leur pardon, loin d'ici, ce sera mon soutien.

Violente est entrée apportant de la lumière. Fabrice est resté un peu éloigné de Régine, contemplant avec ravissement

Bianca, qui s'est approchée du clavecin et a pris en main la romance.

RÉGINE, avec un mouvement soudain.

— Il faut nous dire adieu, Fabrice. — Aimez-la bien.

FIN DU PARDON.

UN
BOHÈME D'AUTREFOIS

DRAME EN TROIS ACTES, EN VERS

PERSONNAGES

LAVERDAC.
SUZANNE D'ARVERS.
LE COMTE DE BRÉVANNE.
M. DE SIVRY.
M. DE CHAVILLE.
M. DE CRANCEY.
MARCELIN.
Un Intendant.
Une Mendiante.
Domestiques.

Paris. — Sous Louis XV.

UN
BOHÈME D'AUTREFOIS

ACTE PREMIER

Salle à manger fastueuse. — Porte au fond. — Au lever du rideau les personnages sont à table. — Des flambeaux éclairent la scène. — L'approche du matin.

SCÈNE PREMIÈRE
DE BRÉVANNE, DE SIVRY, DE CHAVILLE.
DE CRANCEY.

SIVRY.

Déjà le jour.

CHAVILLE.

Ici nous étions à minuit.

BRÉVANNE.

N'est-ce pas qu'il fait bon passer ainsi la nuit?

SIVRY.

Parbleu! des vins vermeils avec un hôte aimable!
Brévanne, le moyen de s'ennuyer à table!

CRANGEY.

Le maître du logis est mort sans testament.
Brévanne redoutait un autre dénoûment!
Son oncle lui disait d'une voix sépulcrale :
« Monsieur mon beau neveu, respectez la morale,
« Ou nous aviserons! »

BRÉVANNE.

     Mais il l'eût fait, parbleu!
S'il lui fût arrivé de vivre encore un peu.
Miraculeusement j'échappe à mon naufrage.
Si vous saviez!...

CHAVILLE.

Quoi donc?

SIVRY.

     Tu gardes l'héritage,
Il est gai de parler d'un péril qui n'est plus.

CRANCEY.

Ah! ce bon vieux seigneur! Soixante ans révolus,
Pour te déshériter il attendait encore !
Il se crut éternel.

CHAVILLE.

Ou bien, ce trait l'honore,
Il pensa que Brévanne un jour s'amenderait.

CRANCEY.

Candide illusion de cet aïeul parfait !

SIVRY.

Allons, Brévanne, parle : explique-nous la trame
Que ton oncle ourdissait.

BRÉVANNE.

Il s'agit d'une femme.....

CHAVILLE.

Ah! peste! il te prêchait la morale pourtant !

BRÉVANNE.

Entendons-nous, c'était une femme, une enfant,
Qu'il aurait adoptée, ou peut-être.....

CRANCEY.

Peut-être?...

BRÉVANNE.

Eh! qu'en sais-je? épousée!....

SIVRY.

A son âge! le traître!
Dis donc, il t'eût donné plusieurs petits cousins!

CRANCEY.

La joyeuse aventure et les joyeux desseins!

SIVRY.

Et quelle est cette femme au moins? L'avons-nous vue?

BRÉVANNE.

Non pas, elle vous est tout à fait inconnue.

A un domestique.

Dis à mon intendant qu'il m'apporte un papier
Scellé de noir, qu'hier il m'a vu déplier.
Va vite, je t'attends.

Le laquais sort.

Messieurs, il faut vous dire...
Mais quel est ce tapage?

On entend derrière la porte un grand tumulte. Elle s'ouvre violemment. Laverdac entre, suivi de plusieurs laquais qui
veulent l'arrêter.

SCÈNE II

LES PRÉCÉDENTS. LAVERDAC, Laquais,
puis un Intendant.

LAVERDAC.

Êtes-vous en délire,
Tas de coquins? Mordieu! vous me touchez, je croi!

BRÉVANNE.

Eh! c'est toi, Laverdac. Qu'est-ce donc?

LAVERDAC.

Par ma foi!
Ces drôles prétendaient me défendre l'entrée.
Arrière, valetaille, ou gare à mon épée!

Les valets reculent effarés.

UN VALET.

Monseigneur, vous l'aviez consigné..... Mais voyez!.....

LAVERDAC, avec hauteur.

Qu'est-ce à dire? plaît-il?

BRÉVANNE.

Tes torts sont oubliés,
Bah! je ne t'en veux point. Je n'ai plus de colère.
Entre, et mets-toi.....

LAVERDAC.

Marauds! vite une assiette, un verre!

Ils s'empressent.

Et souvenez-vous bien désormais que je suis
D'humeur peu patiente, et, qui plus est, marquis!
Le premier d'entre vous qui sera malhonnête,
Contre un coin de ce mur je lui brise la tête.

CHAVILLE.

D'où viens-tu si matin?

LAVERDAC.

Moi! j'ai passé la nuit
A jouer. Une faim d'enragé me poursuit!
J'ai vu de la lumière, et, vous pensant à table,
Je suis entré.

BRÉVANNE.

Ton verre!

LAVERDAC.

Or çà, je suis coupable,
Et de quoi, s'il vous plaît?

BRÉVANNE.

Tu ne t'en souviens pas?

LAVERDAC.

En aucune façon, voyez mon embarras.

BRÉVANNE.

Ne t'es-tu pas permis d'embrasser ma maîtresse,
L'autre soir, à souper?

LAVERDAC.

Oh! déplorable ivresse!
J'étais gris, je ne sais ce que j'ai fait ni dit.

BRÉVANNE, riant.

Allons, n'en parlons plus, -- l'excuse me suffit.

Entre l'intendant. Il remet à Brévanne un papier scellé de noir.

BRÉVANNE, nonchalamment.

Fort bien.
Il se dispose à lire le papier, puis le lui rendant.

Tiens, au fait, lis, lis toi-même.

L'INTENDANT, lisant.

« Moi, comte
« D'Arvers, en cet instant où mon âme remonte
« Vers Dieu, je recommande et remets mon amour,
« Ma Suzanne, orpheline à compter de ce jour,
« Aux soins de mon ami, pour mieux dire, mon frère,
« Le baron de Brévanne. En vous, baron, j'espère.
« Lorsque Suzanne aura sur ma tombe, à genoux,
« Prié pendant un mois, elle viendra vers vous,
« Son appui désormais. Un serviteur fidèle
« La garde en attendant que vous preniez soin d'elle.
« Donc, puisque le Seigneur me mande, frère, adieu ! —
« En mon château d'Arvers..... »

BRÉVANNE, interrompant.

Et cætera !

CHAVILLE.

Pardieu !
Ton oncle, c'est certain, eût adopté Suzanne.

BRÉVANNE.

A moins qu'il l'épousât, vous dis-je! — Dieu me damne!
On a vu trop souvent ces amours de vieillard.

LAVERDAC.

Le barbon cacochyme, au moment du départ,
Devient terrible. Il a des appétits féroces.

A l'Intendant.

Ta voix est pleine, ami, d'intonations fausses.
Comme un pître tu lis cet écrit solennel.

Sort l'intendant emportant la lettre. Laverdac, vidant son verre :

Ah! j'aurais voulu voir le bonhomme à l'autel! —
J'en aurais ri longtemps! — Mais, dans cette aventure,
Comte, vous auriez fait une pauvre figure!
Vous aviez tout mangé, neveu trop imprudent.
Maxime : « Ne comptez jamais sur un parent. »
Qui sait quels noirs projets il nourrit dans son âme! —
Les prêtres, ou les legs baroques, une femme,
Tout enfin est péril pour messieurs les neveux;
Et plus un oncle est vieux, plus il est dangereux.

CRANCEY.

Brévanne heureusement pour la peur en est quitte.
Si l'alarme fut chaude, elle n'eut pas de suite.

LAVERDAC.

Le baron n'avait donc pas vu l'enfant encor?

BRÉVANNE.

La lettre lui vint juste au moment de sa mort.
Pour saisir une plume il fit, dit-on, un geste,
Dit quelques mots, que nul ne put comprendre au reste;
Puis expira.

SIVRY.

Ma foi, dans le choix d'un tuteur,
Ce bon monsieur d'Arvers a joué de malheur.

CRANCEY.

Mais, à propos, sais-tu si cette demoiselle
De la mort de ton oncle a reçu la nouvelle?

BRÉVANNE.

Je n'en sais rien; pourquoi?

CRANCEY.

C'est qu'il se pourrait bien
Qu'elle arrivât chez toi, ne se doutant de rien.

BRÉVANNE.

Ah! diable!

LAVERDAC, à Brévanne.

Eh bien, après? L'aventure est divine.
Vous serez le tuteur de la jeune orpheline,
Et je vous vois d'ici songeant à la doter. —
Car c'est votre devoir, vous venez d'hériter ! —
Noblesse de province, — une enfant sans fortune.
Vous ferez comme eût fait votre oncle, sans rancune.

BRÉVANNE.

Tu te railles, je crois, à mes dépens, bouffon !

LAVERDAC.

Bouffon, avez-vous dit? — Ma foi, le mot est bon.

BRÉVANNE.

Tu t'en vantes?

LAVERDAC.

Parbleu ! je suis fier de moi-même.
En vérité, messieurs, je m'admire, je m'aime.
Je n'ai ni sou ni maille, et goûte cependant
Toutes les voluptés que procure l'argent :
Les femmes et le jeu, les festins et le reste.

L'aventurier de pair vit avec vous. J'atteste,
Étant sans préjugés, qu'un résultat si grand
Aux injures des sots me laisse indifférent,
Ma vie est un combat comme elle est un problème.
Je livre la bataille à la faim louche et blême.

BRÉVANNE.

Et si nous te manquions, que ferais-tu?

LAVERDAC.

Qui, moi?
Le sais-je? — Bah! demain, que m'importe? — Pourquoi
Y songer? Lorsqu'on a l'esprit subtil et ferme,
La faim aura beau mordre après notre épiderme,
Un homme ingénieux trouve plus d'un moyen
De ne pas se laisser mourir ainsi qu'un chien.

BRÉVANNE.

Mon cher, à ta santé!

CHAVILLE.

Le nom dont on te nomme
T'appartient-il vraiment?

LAVERDAC.

Oui, je suis gentilhomme.
Mon père naturel m'a reconnu pour fils.

CRANCEY.

Je crois avoir connu feu monsieur le marquis.

LAVERDAC.

Je n'en puis dire autant pour ma part, n'ayant guère
Qu'une ou deux fois au plus aperçu feu mon père.

Des laquais ont enlevé les flambeaux. — Le grand jour.
Rentre l'intendant.

L'INTENDANT.

Monsieur, quelqu'un est là qui demande à vous voir.
C'est une dame.....

BRÉVANNE.

Bon, je vais la recevoir.

SIVRY.

L'heureux coquin!

BRÉVANNE, essayant de se lever.

Qui donc cela peut-il bien être?
Baste! je ne peux pas me tenir droit... Peut-être

C'est Olympe ; mais non, pas de si grand matin !
_{Chancelant.}
Çà, je m'en vais tomber en route, c'est certain.
Tiens, au fait, fais entrer ici la demoiselle.
Crois-tu pas que je vais me déranger pour elle ?

L'INTENDANT.

Mais, monsieur...

BRÉVANNE.

Entends-tu ? fais ce que je te dis,
Et ne réplique pas.
_{L'intendant sort.}

SIVRY.

Il est tout à fait gris !

BRÉVANNE.

Messieurs, de la tenue en face de la dame.
Soyez respectueux, car mon amante est femme,
Qui sait ? à s'offusquer d'un terme mal choisi.

CHAVILLE.

Dieu, qu'il est amusant !

LAVERDAC.

Nous allons rire ici.

SCÈNE III

LES PRÉCÉDENTS, SUZANNE D'ARVERS.

L'INTENDANT, désignant Brévanne.

Mademoiselle, entrez : c'est mon maître.

SUZANNE.

         Le comte
A table ! il n'est pas seul !

BRÉVANNE, ivre.

       Approchez-vous sans honte,
Ma chère. Des amis à moi qui sont discrets.
Puis avec mes amis à quoi bon des secrets?

SUZANNE.

Savez-vous bien à qui vous parlez à cette heure?

BRÉVANNE.

A la femme la plus charmante, la meilleure.....
Quoi ! vous daignez m'aimer, étant si belle !... Où donc
Vous ai-je vue? — Ah çà, je n'en sais rien.

SUZANNE, avec hauteur.

Mon nom
Est Suzanne d'Arvers ; — vous m'entendez, mon hôte?

CRANCEY, qui s'est levé ainsi que les autres seigneurs, sauf Brévanne.

Daignez lui pardonner. — De ces vins c'est la faute.
Vos vêtements de deuil auraient dû l'avertir.

CHAVILLE.

Chez monsieur le baron vous supposiez venir,
Mademoiselle. — Hélas!.....

SUZANNE.

Le baron de Brévanne
N'est plus, je le savais.

SIVRY.

Vous le saviez !.....

BRÉVANNE, à part.

Suzanne
D'Arvers! Je n'entendis jamais ce nom, vraiment;
Jamais!.....

SUZANNE.

En apprenant le triste événement,
J'avais songé d'abord à partir au plus vite.
Puis, craignant de blesser par cette prompte fuite
Le maître du logis, je voulus lui parler.
C'est ainsi que tantôt je le fis appeler.
Je désirais aussi de sa bouche attendrie
Savoir comment son oncle a terminé sa vie.
Mais je vois qu'en restant chez le comte j'eus tort :
Je devais m'éloigner, le baron étant mort.
Je le comprends trop tard. — Messieurs, je vous salue.

LAVERDAC, à part.

C'est une noble enfant, et fière et résolue.

Suzanne a fait un pas vers la porte.

SIVRY.

Ah! de grâce, attendez qu'il s'explique. Un instant,
Rien qu'un instant.

SUZANNE.

Pourquoi?

SIVRY.

Voyez, il se repent.

Bas, à Chaville et à Crancey.

Nous serions de grands fous de laisser l'aventure
En cet état; l'enfant est innocente et pure;
Mais qu'importe, elle est seule et sans aucun appui,
Noble il est vrai, mais pauvre... Un heureux jour a lui.

BRÉVANNE, qui s'est enfin levé.

Hein! que dites-vous donc?

CHAVILLE.

Eh bien, il se dégrise?

CRANCEY.

Tu parles bien, Sivry.

SIVRY.

Çà, pour notre entreprise,
A Paris simplement il faut la retenir;
Puis nous aviserons. Un prochain avenir
Nous dira qui de nous a chance de lui plaire.

BRÉVANNE.

Bravo!

SIVRY.

Tu comprends donc?

BRÉVANNE.

Parbleu! Laisse-moi faire.

S'avançant vers Suzanne, qui est restée incertaine.

De grâce! excusez-moi. De honte je rougis.
Sans crainte accablez-moi de vos plus durs mépris.
Vous n'en direz jamais plus que je n'en mérite,
Et d'éternels remords expieront ma conduite.

SUZANNE.

N'y pensons plus, monsieur, c'est un moment d'erreur;
Je n'en ai pas du moins accusé votre cœur.

BRÉVANNE.

Vous êtes charitable, et je vous remercie.

SUZANNE.

Adieu, comte, à présent.

BRÉVANNE.

Ah! cruelle ironie!
Quoi! vous voulez partir toute brisée, après
Un voyage si long? Et je le souffrirais!

SUZANNE.

Il le faut cependant. Chez vous n'est pas ma place.

BRÉVANNE.

Pourquoi donc? Sous mon toit que craignez-vous, de grâce?
Vous pouvez désormais vous fier à ma foi.
Ce logis est à vous, il est fermé pour moi.
Au dehors quelques jours j'irai vivre; qu'importe?
Après un court délai vous partirez plus forte.

SUZANNE.

N'insistez pas, je veux m'éloigner sans retard.

BRÉVANNE.

Réfléchissez pourtant...

CHAVILLE.

Est-ce donc par hasard
Que vous suspecteriez la parole du comte?
Un tel soupçon...

SUZANNE.

Non, certe!...

CRANCEY.

Eh bien?

LAVERDAC.

C'est une honte!

Partez, mademoiselle, et sans les écouter.
C'est votre honneur tout bas qu'ils osaient convoiter
J'entendis tout au long tous leurs discours infâmes.
Allons, démasquez-vous, vils séducteurs de femmes !

BRÉVANNE.

Cet homme est fou, vraiment.

SUZANNE.

Et pourtant je le crois.

Elle s'élance vers la porte. Brévanne se place devant elle.

Allez-vous employer la force contre moi ?

BRÉVANNE.

Un mot. Savez-vous bien quel est ce misérable
Qui vous parle, et nous prête un projet détestable ?
Écoutez !

LAVERDAC.

Qui je suis ? Eh qu'importe, vraiment ?
Je prétends la sauver, c'est le point important.
Ah ! je peux être vil et couvert de souillure !
Mais dans l'ombre tramer une telle imposture !
Oh ! plutôt que mentir de ce ton impudent,
Plutôt que d'abuser une fille de rang
Que ses habits de deuil semblaient devoir défendre,

Je vous le dis, plutôt qu'à tout cela descendre,
J'aimerais mieux cent fois monter au pilori !

SUZANNE.

Messieurs, de mon honneur, eh quoi ! vous avez ri !
Oh ! de vos nobles noms, femme, je vous dépouille,
Car vous perdez le rang que votre impudeur souille.
Soyez flétris, manants tout à coup découverts !
Passage maintenant à Suzanne d'Arvers !

BRÉVANNE.

Par le nom de mon père ! un tel affront !

SIVRY.

        Brévanne,
Il faut y renoncer..... laisse-la.

BRÉVANNE, devant la porte.

        Non, Suzanne
Restera. Quant à toi, maraud...

LAVERDAC, avec un mouvement brusque, repoussant Brévanne et saisissant Suzanne.

        Prenez mon bras,
De grâce.

Il tire son épée.

Arrière tous! — Comte, n'approchez pas !
Comme un chien je vous tue!

Il ouvre rapidement la porte.

Adieu, mon gentilhomme!

BRÉVANNE, se précipitant.

Arrêtez-le, laquais!

SUZANNE, qu'entraîne Laverdac.

Mon Dieu ! quel est cet homme ?

SCÈNE IV

DE BRÉVANNE, DE SIVRY, DE CHAVILLE, DE CRANCEY.

BRÉVANNE.

Il les écarte, il fuit; ils ont eu peur. — Messieurs,
La belle nous échappe.

CRANCEY.

Ah bah ! cela vaut mieux.
Nous nous étions lancés dans une sotte affaire.

BRÉVANNE.

C'est bien; mais quelque chose au moins nous reste à faire :
Ce coquin insolent, il faut le châtier.

CHAVILLE.

D'accord.

BRÉVANNE.

Et je m'inscris pour cela le premier.
A-t-on jamais rêvé grossièretés pareilles?
Je veux, avant ce soir, lui couper les oreilles.

SIVRY.

Bravo !

CHAVILLE.

Chez lui courons. Où demeure-t-il donc?

BRÉVANNE.

Ma foi! je n'en sais rien.

CRANCEY.

Ni moi.

SIVRY.

Ni moi.

BRÉVANNE.

C'est bon. —
Quelqu'un ! — Nous rirons bien. — Quelqu'un !

A l'intendant qui entre.

Avant une heure
Qu'on me sache l'endroit où Laverdac demeure !

FIN DU PREMIER ACTE.

ACTE II

Un logis d'aspect misérable. — Porte au fond. — Porte à gauche.

SCÈNE PREMIÈRE

LAVERDAC, SUZANNE.

Ils entrent par le fond.

LAVERDAC.

Mademoiselle, entrez. C'est ici.

La voyant hésiter.

La maison
Sans doute vous effraye. Oh! vous avez raison
C'est un pauvre logis pour une noble dame,
Et dont le sombre aspect met comme un froid dans l'âme.
Mais du moins, écoutez, c'est un asile sûr,
Vous êtes à l'abri dans ce réduit obscur.

Suzanne se laisse tomber sur une chaise.

Donnez-moi maintenant une heure, et je ramène
Marcelin près de vous.

SUZANNE.

Je vous attends, certaine
De votre dévouement. J'ai foi dans votre honneur.

LAVERDAC.

Tantôt, remise aux soins de votre serviteur,
Vous vous éloignerez.

SUZANNE.

Le soir, dans ma prière
Je bénirai souvent votre nom.

LAVERDAC.

La première
Du ciel vous me parlez. Oui, oui, priez pour moi!
Écoutant.
Des pas! Qui peut venir?

SUZANNE.

Si c'était.....

LAVERDAC.

Sur ma foi,
Ils veulent qu'on les tue!

SUZANNE.

Ah ! j'ai peur !

LAVERDAC.

Eh ! qu'importe?
Ils ne passeront pas le seuil de cette porte.

Montrant celle de gauche.

Entrez là, cependant.

SCÈNE II

LES PRÉCÉDENTS, MARCELIN.

MARCELIN, se précipitant dans la chambre.

Elle ! Dieu me la rend !

Il court vers Suzanne et lui baise les mains avec attendrissement. Désignant Laverdac.

Cet homme qu'avec vous je vois en cet instant,
Quel est-il, dites-moi?

SUZANNE.

Celui qui m'a sauvée.

MARCELIN.

Ma vie à tout jamais, monsieur, vous est donnée !

SUZANNE.

Tu m'as su retrouver ! — Qui conduisit tes pas ?

MARCELIN.

Après vous j'attendais patiemment. — Tout bas
Je songeais au baron, compagnon de mon maître.
Puis un grand bruit se fit. — Soudain d'une fenêtre
Je vous vis. Votre voix tremblante m'appelait.
Je voulus m'élancer; mais, voyant mon projet,
Des laquais pris de vin barrèrent le passage.
Ils jetaient des clameurs de menace et de rage.
Enfin, me dégageant d'un vigoureux effort,
Je brisai leur entrave et je fus le plus fort ;
Mais trop tard : vous étiez déjà loin dans la rue.
Désespéré, craignant de vous avoir perdue,
Au hasard je courus. Je vous revis soudain :
Vous entriez ici. Ah ! vous êtes enfin
Devant moi ! Mais un autre, un autre en cette affaire,
Mademoiselle, a fait ce que je devais faire.
Ah ! comment expier ma faute, dites-moi ?

SUZANNE.

Calme, cher Marcelin, le trouble où je te voi.
Dis, pourquoi t'accuser? Es-tu coupable, en somme?

MARCELIN.

Quoi! vous me pardonnez?

Il essuie ses pleurs. Se tournant vers Laverdac.

Le nom dont on vous nomme?

LAVERDAC.

Laverdac.

MARCELIN.

Dieu vous garde à jamais!

SUZANNE, à Marcelin.

Il convient
Que nous quittions Paris, où rien ne nous retient.
Commande une voiture à l'instant.

LAVERDAC.

A sa place
Je peux aller moi-même.

Il fait un pas vers la porte du fond.

SUZANNE.

Oh! non, restez, de grâce!
Je voudrais vous parler.

LAVERDAC.

Eh quoi?

SUZANNE.

Va, Marcelin.

Marcelin sort sur un signe de Suzanne.

SCÈNE III

LAVERDAC, SUZANNE.

SUZANNE.

Je ressens devant vous un grand émoi soudain.
Vous qui, sans me connaître, ému de pitié sainte,
Vous êtes courroucé contre leur lâche feinte,
Vous le gardien, monsieur, de mon honneur, un mot.
Oh! qui donc êtes-vous?

LAVERDAC.

Moi! qui je suis?

SUZANNE.

           Il faut
M'expliquer tout. Je veux connaître votre vie.

LAVERDAC.

Ne m'interrogez pas. Pitié ! je vous supplie...

SUZANNE.

Le comte vous parlait d'un ton bien impudent,
Et vous courbiez le front devant lui cependant,
Vous loyal, vous rempli d'une noble colère.
Laissez-moi pénétrer cet étrange mystère.
Ne vous offensez pas si j'insiste à ce point. —
Dites, d'un cœur ami n'avez-vous pas besoin,
D'un cœur qui vous comprenne enfin, qui vous console,
De quelqu'un qui vous dise une bonne parole,
Et qui plaigne en ce jour la faute ou le malheur
Dont vous avez rougi devant ce vil seigneur?

LAVERDAC.

Ange compatissant, soyez béni ! — Votre âme
Est faite de pitié ! — Mais est-ce à vous, ô femme
Chaste et pure, est-ce à vous que je puis raconter
Cette confession? Est-ce à vous d'écouter?

SUZANNE.

De grâce!... au nom du ciel qui soudain nous rassemble,
Parlez ! — Car je pourrai vous sauver, il me semble.

LAVERDAC.

Oh! non : pour me tirer du gouffre il est trop tard.

SUZANNE.

Eh bien, je veux du moins à vos maux prendre part.
Parlez......

Un silence.

LAVERDAC.

Vous l'exigez? Écoutez donc. — Ma mère
Me mit au monde, hélas! dans un jour de misère
Et d'opprobre! — Bientôt elle mourut. — Je suis
Le fils d'un grand seigneur, mon père était marquis.
— Je m'en souviens encore. Au chevet de la morte
Il pleurait. « Cet enfant, disait-il, qu'on le porte
Chez moi, car c'est mon fils! » Il m'aima bien d'abord.
De ma mère il parlait ainsi que d'un remord.
Il l'avait lâchement séduite! Pauvre fille
Du peuple, on la chassa du sein de sa famille.
Le marquis quelques jours fut à moi tout entier ;

Mais, au bout de ce temps, son cœur sut m'oublier :
Aux soins de ses valets il livra mon enfance,
Et je fus pour jamais banni de sa présence.
Monsieur de Laverdac en débauché vivait.
Maison à l'abandon. — La ruine en secret
Était proche. Le jour où je perdis mon père,
J'avais vingt ans; — je vis ma destinée amère.
On vendit son hôtel, ses biens, et je restai
Pauvre et seul, corrompu par mon oisiveté.

SUZANNE.

Qu'avez-vous fait alors?

LAVERDAC.

De cette maison vide
Je dus sortir de rage empli, le cœur aride;
Je voyais de la faim le spectre menaçant;
Il fallait me frayer un chemin cependant !
J'allai chez les amis du marquis, tête haute.
Hardiment je devins leur compagnon, leur hôte. —
Raillant mon dénûment, me faisant leur flatteur,
Gai, les divertissant par un propos moqueur,
Vendant ma dignité, vendant ma conscience,

Oh! j'ai mené vraiment une horrible existence!
Qui je suis? — Écoutez... un parasite.

SUZANNE.

Assez!

LAVERDAC.

Maintenant, n'est-ce pas, d'horreur vous frémissez?
Cette confession, pourquoi l'avoir voulue?...
Vous voyez que mon âme est pour jamais perdue.
— Me sauver! disiez-vous. — De l'âme du bouffon,
Ah! vous sondez l'abîme, et le trouvez sans fond!

Un silence.

SUZANNE.

Grand Dieu!

LAVERDAC.

C'est le mépris que mon passé mérite. —
Oubliez-moi, ceci ne peut avoir de suite.
Je suis un étranger, un inconnu pour vous.
Tantôt vous serez loin : tout est dit entre nous.

SUZANNE, restant un moment comme épouvantée, puis avec décision.

Oh! non; vous n'êtes pas un inconnu qui passe.

Je vous dois mon salut; ce souvenir efface
Tout sentiment d'horreur, tout sentiment d'effroi.
Un mot, un mot encor, Laverdac. — Dites-moi,
Convive accoutumé de ces festins infâmes,
Où dans l'ivresse on rit de la vertu des femmes,
Vous vous êtes pourtant ému de leur projet.
C'est que vous éprouvez quelque dégoût secret,
Que vous n'étiez pas fait pour un tel personnage.
Voyez, vous m'avez seul, en face de l'outrage,
Défendue; — ils m'avaient tendu leur piége affreux.
Vous l'avez empêché, — vous êtes meilleur qu'eux.

LAVERDAC.

Je me suis souvenu devant vous de ma mère.
Puis je vous admirais si vaillante et si fière!
Voilà tout...

SUZANNE.

        Vous avez? — qu'importe la raison —
En me sauvant, agi d'une noble façon.
Quel que soit le motif, l'action prouve en somme
Que votre cœur était celui d'un honnête homme;
C'est l'exemple mauvais, la misère, la faim,
Qui vous ont entraîné dans le mauvais chemin.

Oh! vous étiez, monsieur, né bon, j'en suis certaine.
Tout s'éclaire pour moi d'une lueur soudaine!
Oh! dites, n'est-ce pas? dites, le rôle affreux
Que vous jouez vous laisse en secret malheureux?

LAVERDAC.

Oui, mon masque rieur est un mensonge sombre.
Souvent, seul à l'écart, j'ai sangloté dans l'ombre.
Souvent, après avoir enduré quelque affront,
J'ai songé contre un mur à me briser le front!
Mais ne me plaignez pas. J'étais vraiment bien lâche!
Le lendemain encor, recommençant ma tâche,
Je retournais, chez ceux qui m'avaient insulté,
Reprendre le collier de ma servilité!

SUZANNE.

D'un triomphant effort pour vous rendre capable,
Peut-être il ne vous faut qu'un appui secourable;
Et peut-être que Dieu m'envoie à temps. Je veux,
Entendez-vous, avant que de quitter ces lieux,
Dans cette solennelle et suprême entrevue,
Par votre repentir marquer ma bienvenue.

LAVERDAC.

Qui? moi, vous espérez!...

SUZANNE.

Écoutez mon dessein.
Près du château d'Arvers, où je serai demain,
Un vieux prêtre demeure, âme tendre et modeste.
A cette heure où plus rien au monde ne me reste,
Pas un parent, pas un ami pour me guider,
Eh bien, c'est son conseil que je vais demander.
Venez vous confesser en secret au vieux prêtre.
Oh! ne le craignez pas! Si vous pouviez connaître,
Comme je le connais, ce cœur compatissant,
Vous n'hésiteriez pas à partir à l'instant.

LAVERDAC.

Partir! aller là-bas! dites-vous. Est-ce un songe?
Confesser mon passé de honte et de mensonge!
Oui, oui, je vous suivrai! Mais pas dans ce moment,
Vous oubliez le monde et son étonnement!

SUZANNE.

Eh bien, venez bientôt. Je préviendrai d'avance
Le ministre de Dieu.

LAVERDAC.

Salutaire espérance!

De mon abaissement je pourrais donc sortir,
Et me régénérer, du moins me repentir!
Soyez bénie, ô vous, femme innocente et pure,
Qui n'avez pas eu peur de l'horrible souillure,
Et qui paraissez, même après de tels aveux,
A mon sort désormais vous intéresser mieux !
Oh! oui, soyez bénie et croyez ma promesse !
Plus d'hésitation, plus de lâche faiblesse !
Je partirai demain.

SCÈNE IV

LES PRÉCÉDENTS, LES SEIGNEURS.

BRÉVANNE, ouvrant soudain la porte.

L'escalier est étroit
Et roide. Ouf! le faquin habite près du toit.

LAVERDAC.

Lui!

BRÉVANNE.

Tu ne m'attendais peut-être pas? Ah ! diantre!

Notre homme n'est pas seul.

Suzanne s'est voilé le visage et s'est dirigée vers la porte de gauche.

On se cache quand j'entre.
Çà, nous interrompons un amoureux transport.

Suzanne se découvre.

Eh quoi, c'est vous! Pardieu! ceci me paraît fort.
Vous ne vous pressez plus de regagner la Flandre,
Paraît-il?

SUZANNE.

Ah! monsieur!...

LAVERDAC.

Comte, veuillez m'entendre.

BRÉVANNE, l'interrompant.

Je venais te donner une leçon, maraud!
Mais je vois qu'en ce lieu je suis entré trop tôt.

LAVERDAC.

Avant tout, chapeau bas devant mademoiselle,
Messieurs! nous viderons après notre querelle.

BRÉVANNE.

Faquin! — Mais, après tout, elle est femme, et malgré

L'endroit où je la vois, eh bien, je saluerai.

<small>Ils saluent tous les quatre.</small>

LAVERDAC.

Et maintenant sachez pourquoi mademoiselle
Est encore chez moi.

BRÉVANNE.

      Je ne viens pas pour elle;
Ainsi...

LAVERDAC.

Tu ne veux pas m'écouter?

BRÉVANNE.

        Non, vraiment.
Mademoiselle est libre... et je n'ai nullement
A juger sa conduite... En toute cette affaire,
A toi seul, entends-tu, j'ai désormais à faire.
Tu m'as grossièrement injurié tantôt !
Au nom de ces messieurs, mes compagnons, qu'il faut
Venger, ainsi que moi, de ta sotte insolence,
Drôle, de tes propos voici la récompense !

<small>Il lui donne un soufflet.</small>

LAVERDAC.

Un soufflet!

SUZANNE.

Lâcheté!

LAVERDAC.

Comte, j'aurai ton sang!

BRÉVANNE.

Mon sang! Ah! sur l'honneur, le mot est fort plaisant.
C'est pour de vils laquais, non pour des gentilshommes,
Que ton épée est faite!...

LAVERDAC.

Oh! ces hommes! ces hommes!

SUZANNE.

Écoutez-moi, messieurs : son père était marquis,
Ne le saviez-vous pas?

BRÉVANNE.

Si, vraiment! mais je dis :
Fils de marquis ou non, pour nous ce n'est qu'un drôle.

LAVERDAC.

Assez! elle connaît mon misérable rôle!

BRÉVANNE.

Elle le sait? eh bien, tout est dit en ce cas.

SUZANNE.

Comte, vous vous trompez. Je ne le pense pas. —
Écoutez-moi! — Celui que votre orgueil méprise
Se souleva tantôt contre votre entreprise.
Seul parmi vous, messieurs, me défendant soudain,
De ma pudeur blessée il prit la cause en main.
— Puis il sut respecter sous son toit une femme.
Donc je ne sais plus, moi, s'il fut jamais infâme. —
Je sais que je suis cause ici de cet affront
Qui fait bondir son cœur et fait rougir son front.
Qu'importe maintenant que pour venger sa cause
Cet homme vous paraisse, à vous, trop peu de chose,
Et que, vous estimant de trop bonne maison,
Vous ne consentiez pas à lui rendre raison?
C'est moi, me courrouçant de votre air d'insolence
Devant moi, le jugeant une sanglante offense,

Trouvant enfin mauvais ce grand étonnement
Que vous avez montré tantôt en arrivant,
Entendez-bien, c'est moi, comte, qui vous provoque,
Qui demande raison d'un maintien qui me choque;
— Et, comme l'on voyait, dans les jours d'autrefois,
Une dame outragée entre tous faire choix
D'un défenseur chargé de vider sa querelle :

Se tournant vers Laverdac.

— Soyez mon chevalier, car c'est vous que j'appelle.
Monsieur de Laverdac, défendez-moi !

LAVERDAC, avec effusion.

Merci !

A Brévanne.

Or, comte, qu'avez-vous à répondre à ceci ?

BRÉVANNE, souriant.

Ne vivant plus au temps de la chevalerie,
La chose toucherait à la plaisanterie.
Je ne me battrai pas !

LAVERDAC, avec fureur.

Ah ! lâche ! tu veux donc

Que je te frappe en traître, en assassin? — Répond.
Car tu devines bien qu'il faut que je te tue!
— Si ce n'est pas ici, ce sera dans la rue,
Chez toi, chez tes amis, ou plus tôt ou plus tard,
Fût-ce par le couteau, fût-ce par le poignard!

SUZANNE, avec éclat.

Ciel, un assassinat! — Oh! non! c'est impossible!

LAVERDAC.

Laissez-moi me venger de ce soufflet horrible
Par l'unique moyen qui me reste à présent!

Un silence. Brévanne fait mine de sortir.

SUZANNE, avec résolution.

Vous vous battrez en duel, Laverdac, à l'instant. —
Vous pouvez refuser mon chevalier, soit, comte!
N'en parlons plus... Il faut que l'on venge ma honte
Cependant... Eh bien donc, si c'était un époux
Qui demandât vengeance et raison contre vous
De m'avoir offensée et tantôt soupçonnée,
Cette discussion serait bientôt vidée,
N'est-il pas vrai, messieurs? — Car cet époux, enfin,

Que Suzanne d'Arvers honore de sa main,
Pour telles qu'aient été sa honte et sa disgrâce,
Par ce choix imposant reprend soudain sa place.
L'opprobre disparaît. Chacun dorénavant
Doit respecter l'époux d'une fille de rang. —
Allons, répondez, comte. Est-ce que d'aventure
Vous avez quelque chose à répliquer?

BRÉVANNE.

Je jure

D'accepter, en ce cas et sur l'heure, le duel.

CRANCEY.

Bien dit! un tel débat devenait trop cruel.

SUZANNE, ferme, à Laverdac.

Eh bien donc, vous, monsieur, qu'a flétri la misère,
Mais dont l'âme pourtant se montre encore altière,
O vous, enfin, en qui le repentir éclôt,
—Redressez-vous, monsieur, et marchez le front haut!—
Je vous prends pour mari. — Allons, tirez l'épée
Pour votre femme!

LAVERDAC, avec stupeur.

Moi!

BRÉVANNE.

Quelle est cette pensée
Qui vous vient?

SUZANNE.

Je suis libre, et seule. — Je n'ai pas
De parents, et je puis désigner, en ce cas,
Sans que personne après s'oppose et contredise,
Un époux à mon choix, un époux à ma guise.

LAVERDAC.

Qu'avez-vous dit? — Ceci ne se peut pas, vraiment!

SUZANNE, bas.

Qui garda mon honneur? Quand douloureusement
Le vôtre saigne, à moi de fermer la blessure.

BRÉVANNE.

Quel est votre témoin?

SCÈNE V

LES PRÉCÉDENTS, MARCELIN.

MARCELIN, qui est entré en scène depuis quelques instants.

Moi, comte!

BRÉVANNE, à Laverdac.

Une figure
De valet! Cherchez mieux.

MARCELIN.

Messieurs, comme témoin
Mon maître m'accepta contre monsieur d'Héroin. —
Un autre jour encor j'assistai le vicomte
De Maillé, provoqué par le marquis d'Héronte. —
Une troisième fois je me tins au côté
Du baron d'Estuert, ayant difficulté
Avec le chevalier de Brancas. — Faute d'autre,
Accepté ces trois fois, je puis être le vôtre,
Monsieur de Laverdac.

ACTE II, SCÈNE V.

BRÉVANNE.

Soit, j'y consens.

A Sivry.

Mon cher,
Tu seras mon second.

SIVRY.

Bien.

BRÉVANNE.

Il fait encor clair
Deux heures. — A tantôt!

Allant à la fenêtre.

Ici près. — Cette place
Est déserte, et convient pour que chacun se place.

SUZANNE, à Laverdac.

Et nous, dans une église, en face de l'autel,
Qu'un prêtre nous unisse avant l'heure du duel!

LAVERDAC, avec éclat.

Messieurs, dites-lui donc que je suis un infâme!
Que c'est chose impossible!

BRÉVANNE, prêt à sortir.

A tantôt!

LAVERDAC, à part.

Pauvre femme!

FIN DU DEUXIÈME ACTE.

ACTE III

Un carrefour désert. — A gauche, le portail d'une église. — Au fond, la campagne. — A droite, quelques maisons.

SCÈNE PREMIÈRE

LAVERDAC, puis une Mendiante.

LAVERDAC, descendant les degrés de l'église.

Ah ! que s'est-il passé ? — C'est donc bien vrai, c'est donc
Bien réel ? — Vous portez dorénavant mon nom,
Suzanne ! — Un prêtre vient... Il tremblait, le vieux prêtre,
Plein de doute inquiet, d'épouvante peut-être...
Sa main nous a bénis, Suzanne, cependant,
Car vous avez vaincu son scrupule hésitant !
« Laverdac, disiez-vous, a deux fois, en présence

De ces lâches seigneurs, pris tantôt ma défense.
Il m'a sauvé l'honneur, et je dois m'acquitter.
C'est à cause de moi qu'on vient de l'insulter.
Oh! je veux sans tarder, mon père, davantage,
Lui donner le moyen de laver son outrage !
Je me mépriserais de reculer devant
Cette dette à payer et ce devoir!... » — Enfant,
Moi, je sens que l'austère et cruel sacrifice
Vous tuera! Vous mourrez d'un horrible supplice
En face du mari méprisé, vil bouffon
Dont vous n'oublierez pas l'infamie et l'affront !
Suzanne, vos aïeux vous demanderont compte,
Malgré tout, de ce choix qui les couvre de honte...
Vous ne pourrez porter le poids de ces terreurs...
Je vais vous épargner vos remords et vos pleurs !
Le lien éternel qui nous joint pour la vie,
Je le brise, Suzanne... — Illusion finie
Qui naissais tout à l'heure, je dois te dire adieu ! —
Donc elle me parlait du ciel tantôt, d'un Dieu
Qui prendrait en pitié ma honte et ma souillure!...
Il y faut renoncer, à l'illusion pure !
Il convient à présent d'en finir autrement,
Et de donner au rêve un autre dénoûment.

Moment de silence. Il va s'asseoir sur un banc de pierre, près des maisons.

Elle a voulu rester un peu dans cette église
A prier : sa douleur déjà, mon Dieu, la brise !
Ce serait cruauté que de ne finir pas
Comme j'ai le dessein... Elle m'a dit tout bas :
« Au revoir !... » Elle a fait des vœux pour que je sorte
Vainqueur de ce combat... En vérité, qu'importe ?
Car la seule pitié la fait parler ainsi.
De ta compassion, ô Suzanne, merci !
Va, de toi je ne peux pas autre chose attendre !...

Après un moment de réflexions muettes.

Quel stérile regret vient soudain me surprendre ?
Quoi ! je pleure la vie au moment d'en sortir,
Et je songe au bonheur que je ne peux saisir !
Oui, je sens tout à coup, en cet instant suprême,
Que cette femme au cœur profond et doux, je l'aime.
Qui, moi ! j'aime ! cela se peut-il bien, vraiment ?
Dans une âme l'amour entre donc brusquement ?
Et moi qui te raillais, ô passion sublime !
Misérable, à présent sache expier ton crime.
Tu comprends aujourd'hui qu'en toi tout renaîtrait.
Va, va, tout consterné de ton morne regret,

Ne pouvant rien saisir de ton espoir immense,
Va, prépare ta mort quand ton bonheur commence!

Une femme jeune et misérablement vêtue, qui est venue depuis un instant se reposer sur les marches de l'église, s'avance doucement vers Laverdac.

LA MENDIANTE, d'une voix basse.

J'ai honte, monseigneur, mais c'est pour mon enfant,
Qui se meurt au logis!...

LAVERDAC, vivement.

Ah! mon dernier argent!

Il lui donne sa bourse.

Cette bourse.

LA MENDIANTE.

C'est trop!

LAVERDAC.

Prenez, je vous en prie.

LA MENDIANTE.

Que Dieu, mon bon seigneur, protége votre vie!

Elle s'éloigne, et, au moment de disparaître, elle jette sur lui un dernier regard empreint de joie et de reconnaissance.

LAVERDAC.

Ma pauvre mère! hélas! elle vécut ainsi!

Marcelin sort de l'église.

SCÈNE II

LAVERDAC, MARCELIN, les Seigneurs.

MARCELIN.

Nous venons les premiers... ils ne sont pas ici?

LAVERDAC, après un silence.

Dites-moi, mon ami, cette union affreuse
La tuera, n'est-ce pas?...

MARCELIN.

        Son âme est courageuse.

Entrent les seigneurs par la droite.

BRÉVANNE.

Le terrain est à nous comme je l'espérais.

Nul ne nous troublera, l'endroit est fait exprès.

A Laverdac.

Vous êtes mariés?

LAVERDAC.

Certes, monsieur le comte.

BRÉVANNE.

Tant pis, je viens trop tard... J'hésitais, j'en ai honte.

LAVERDAC.

Que veut dire?...

BRÉVANNE.

Pardieu ! que si rien n'était fait,
J'aurais laissé la chose à l'état de projet.
Oui, je n'exigeais plus qu'on fît le mariage,
Et je me contentais, sans vouloir davantage,
De tout ce qui s'est dit tantôt à cet égard...

LAVERDAC.

En vérité, monsieur ! hélas ! il est trop tard.

SIVRY.

On pourra rompre au moins cette union malsaine...
Le roi...

ACTE III, SCÈNE II.

LAVERDAC, réfléchissant.

C'est vrai.

MARCELIN.

Non pas; cette espérance est vaine.
Je connais ma maîtresse : elle a le cœur trop haut
Pour souffrir qu'on la plaigne; — et je sais que tantôt,
Si monsieur Laverdac sort vainqueur de l'affaire,
Au bras de son mari, ferme, hautaine et fière,
Elle s'éloignera, donnant son avenir,
Sans se plaindre, à celui quelle vient de choisir...

LAVERDAC, à part.

Ah! qu'il s'abuse ou non, il faut qu'il disparaisse,
Cet époux qui n'est pas digne de sa tendresse,
Et qui cependant ose, horrible et méprisé,
Aimer cet ange pur d'un amour insensé!

DRÉVANNE, à Laverdac, désignant Chaville et Crancey.

Ces messieurs sont venus nous servir l'un et l'autre
De deuxième témoin : Crancey sera le vôtre,
Et Chaville le mien.

LAVERDAC, saluant Crancey et tirant son épée.

En place maintenant !

LE COMTE, tirant la sienne.

Je suis prêt. Commençons.

Chacun se place. Sivry et Chaville du côté du comte, Crancey et Marcelin du côté de Laverdac.

LAVERDAC.

Je vous le dis, vraiment,
Vous paierez tout ceci de votre sang, messire.
Il me le faut...

Ils croisent le fer.

BRÉVANNE.

D'honneur, Laverdac me fait rire !
C'est moi qui te tuerai, je t'en préviens.

Ils ferraillent.

LAVERDAC.

Non pas !
Mon affront à venger, comte, conduit mon bras.

BRÉVANNE.

Et moi ton insolence à châtier, je pense !

ACTE III, SCÈNE II.

CHAVILLE.

Ah! diable! on n'y voit plus bientôt : la nuit s'avance.

LAVERDAC, pressant le comte.

Tu mourras, je te dis; comte, mon fer vainqueur,
Furieux, trouvera le chemin de ton cœur !

Au même instant il le touche à la poitrine, et lui-même se précipite sur l'épée que le comte tient tout droit devant lui.

BRÉVANNE, chancelant, s'appuyant sur Sivry et Chaville.

Soutenez-moi, messieurs... Oui, je vais rendre l'âme.
Il a raison, vraiment !

Suzanne, qui depuis quelques instants regarde le combat, haletante, des degrés de l'église, court à Laverdac, qui est tombé sur le banc de pierre et qu'entourent Marcellin et Chauvey.

SUZANNE.

Qu'avez-vous fait?

LAVERDAC.

Madame !

SCÈNE III

LES PRÉCÉDENTS, SUZANNE.

SUZANNE.

Voilà donc le dessein que cachait votre adieu !
Quoi ! vous vouliez mourir !...

LAVERDAC.

                      Oh ! la revoir, grand Dieu !

A Suzanne.

Ne le fallait-il pas? — J'avais compris ma tâche;
Si j'avais hésité, j'aurais été bien lâche.

BRÉVANNE, soutenu par Sivry et Chaville, d'une voix faible.

Madame, je m'incline à présent devant vous.

Avec effort.

Emportez-moi, messieurs. — Nous fûmes de grands fous.

SIVRY, bas, à Chaville, mettant la main sur la poitrine de Brévanne.

Il n'en reviendra pas. — La blessure est mortelle.

Ils disparaissent par la droite, soulevant à moitié Brévanne. Crancey demeure auprès de Laverdac.

CRANCEY, à Suzanne.

Puis-je vous être utile ?

Sur un signe de Suzanne, il s'apprête avec Marcelin à soulever Laverdac.

LAVERDAC, avec un cri.

Oh ! souffrance cruelle !
Je veux mourir ici. — Qu'on me laisse mourir !

SUZANNE, à Crancey.

Monsieur, un médecin. Dites-lui de venir
En toute hâte.

Bas, à Marcelin.

Et toi, le médecin de l'âme !

Crancey sort par la droite. Marcelin entre dans l'église. La nuit tombe de plus en plus.

SCÈNE IV

LAVERDAC, SUZANNE.

LAVERDAC.

Vous voulez me sauver?— Et cependant, madame,
Je dois mourir, non pas seulement, écoutez,
Parce que je suis vil et plein d'impuretés,
Parce que ce bouffon que son passé condamne
Ne peut être vraiment votre mari, Suzanne,—
Mais parce qu'en mon cœur, indigne, hélas! de vous,
Bouillonne tout à coup un sentiment jaloux.
— Oui, c'est l'amour ardent qui dans mes veines passe.
Ah! j'ose vous le dire en ce moment en face!...
Pardonnez cet aveu que je fais maintenant,
Car je meurs... vous voyez, il le faut bien, pourtant.

SUZANNE.

Vous m'aimez!... Et déjà, brisant votre espérance,
Vous allez terminer le rêve qui commence!...

LAVERDAC.

Ne le devais-je pas, madame, dites-moi?

SUZANNE.

Et si je vous aimais aussi ?

LAVERDAC.

Qu'entends-je ?... Eh ! quoi ?
Il se pourrait !...

SUZANNE.

Mon cœur, en cet instant suprême,
Est à vous, à vous seul. — Laverdac, je vous aime !
Vous qui vouliez mourir dans un sublime élan,
De peur de m'offenser par votre amour tremblant,
Entendez-vous, c'est moi qui vous dis : Il faut vivre !
Car mon amour, à moi, de la mort vous délivre !
— Restez à votre femme, elle compte sur vous,
Et ne veut pas se voir veuve de son époux.

LAVERDAC.

Que dites-vous, Suzanne ? — Oh ! vous retrouver telle !
Mais mon passé honteux ! — Songez ! peine cruelle !
Vous vous ressouviendrez quelque jour !...

SUZANNE.

Nous irons
Loin d'ici, dans la Flandre, et là nous oublierons.

Tel un jour a fléchi qui soudain se relève.
Le repentir efface... Ah ! je fais un beau rêve.
Je vous vois grand et pur, vaillant, régénéré!

LAVERDAC.

Un beau rêve, en effet ! — Suzanne, je vivrai!

Avec désespoir.

Oh ! mais il n'est plus temps. La douleur est affreuse,
Je sens bien que la mort est là. — Soyez heureuse!

SUZANNE.

Le ciel aura pitié...

LAVERDAC.

Non, il ne se peut pas
Que je vive, restant près de vous ici-bas !

SUZANNE.

Pourquoi parler ainsi?... Ma vie est à la vôtre
Unie : un prêtre a mis nos mains l'une dans l'autre.

LAVERDAC.

Qu'importe, en vérité?... Je ne serai tantôt

Qu'une vaine ombre, un peu de poussière .. Oh ! il faut,
Je le dis, m'oublier !

SUZANNE.

   Qui, moi ! Je suis de celles
Qui restent à jamais à leur amour fidèles.

LAVERDAC.

Pourquoi tardes-tu donc aussi longtemps, ô mort ?
Pourquoi prolonges-tu cette torture encor ?
Hâte-toi, hâte toi ; tu vois, chaque seconde
Remplit cet ange pur d'une amour plus profonde,
Et cet amour qui naît au moment où je meurs
Lui crée en grandissant de plus grandes douleurs !

Un silence.

SUZANNE.

Sa voix devient plus faible, et sa main est de glace.

LAVERDAC, avec angoisse.

Voici l'heure fatale... Approchez-vous, de grâce !
Ne me laissez pas seul...

SUZANNE

   Marcelin ! nul ne vient !

LAVERDAC.

A quoi bon appeler ? — Personne n'y peut rien.

SUZANNE.

Quoi ! mourir sans avoir vu seulement un prêtre !
De votre vie, ami, Dieu seul était le maître.
Vous condamnera-t-il pour ce brusque départ ?

LAVERDAC.

J'espère en sa bonté.

SUZANNE.

Laverdac, ton regard
Se ferme...

LAVERDAC.

C'est la mort.

Tournant ses regards vers l'église.

À cette heure suprême,
Je t'implore, mon Dieu ! — Donne à celle que j'aime
Le bonheur sur la terre, — et pardonne au pécheur !

Il reste ainsi un moment, les yeux fixés de ce côté.

Il expire.

ACTE III, SCÈNE IV.   229

SUZANNE, penchée sur lui.

Plus rien !

Entre par la droite une femme revêtue de l'habit religieux. Elle aperçoit Suzanne et Laverdac. Elle s'approche et s'agenouille. — Un silence.

Indiquez-moi votre couvent, ma sœur.

Marcelin paraît sur le seuil de l'église.

FIN.

TABLE

La Rançon du roi.. 7
Le Pardon 119
Un Bohême d'autrefois. 161

PARIS. — IMP. SIMON RAÇON ET COMP., RUE D'ERFURTH, 1

DU MÊME AUTEUR

DÉNOUEMENTS D'AMOUR

UN VOLUME GRAND IN-18

PARIS. — IMP. SIMON RAÇON ET COMP., RUE D'ERFURTH, 1.

www.ingramcontent.com/pod-product-compliance
Lightning Source LLC
Chambersburg PA
CBHW060131170426
43198CB00010B/1117